POLYGLOTT on tour

Azoren

W0054576

Die Autoren

Stefan U. Mühleisen
Journalist und Diplomgeograf,
erkundete die Azoren auf vielen
Reisen zu Wasser, zu Land und aus
der Luft.

Manfred Meding
studierte portugiesische Literatur.
Als Journalist mit den Schwerpunk-
ten Reise, Kultur und Kulinarisches
liegt ihm die regionale Vielfalt
Portugals besonders am Herzen.

Susanne Lipps
Die promovierte Geografin besucht
die Azoren als Studienreiseleiterin
regelmäßig und kennt sich auf den
Inseln bestens aus. Als erfahrene
Reiseleiterin hat sie diesen Führer
überarbeitet. Von ihr stammt
u.a. auch der Polyglott on tour
»Madeira«.

Reiseplanung

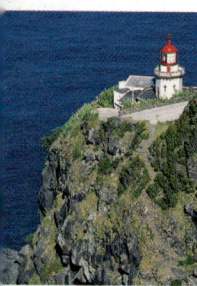

Die Reiseregion im Überblick 8
Die schönsten Touren 10
Vier Azoreninseln in zwei Wochen 10
   São Miguel › Terceira › Pico › Faial
Zwei Wanderwochen auf Faial, Pico
und São Jorge 12
   Faial › Pico › São Jorge › Faial
Für Inselfans: Der ganze Archipel
mit dem Fährschiff in fünf Wochen 14
   São Miguel › Santa Maria › São Miguel › Tercei-
   ra › Graciosa › Faial › Pico › São Jorge › Faial ›
   Flores › Corvo › Flores › Faial › São Miguel
Touren in den Regionen – Übersicht 16
Klima und Reisezeit 17
Anreise 18
Reisen in der Region 19
  Special Kinder
  »Unterwegs mit Kindern« 20
Sport und Aktivitäten 21
  Special Badespaß
  »Mehr als nur Strände« 24
Unterkunft 26

Land & Leute

Steckbrief Azoren 30
  Lage][Politik und Verwaltung][
  Die Menschen][Wirtschaft
Geschichte im Überblick 32
Natur und Umwelt 33
  Special Whalewatching
  »Wale – live und hautnah« 34
Kunst und Kultur 38
  Architektur][Bildende Kunst][Musik][
  Kunsthandwerk

Feste und Veranstaltungen **42**

Essen und Trinken **43**

Special **Käse**

»Kleine Inseln – großer Geschmack« **46**

Unterwegs auf den Azoren

São Miguel und Santa Maria **50**

Auf São Miguel, der größten Insel der Azoren, kann man Wandern, Golfen, sich in Thermalbädern entspannen oder durch die Gassen der Hauptstadt Ponta Delgada bummeln. Das kleine Santa Maria bietet vor allem Ruhe und landschaftliche Schönheit.

Zur Orientierung **51**

Touren in der Region **51**

Unterwegs auf São Miguel **56**

Ponta Delgada][Sete Cidades][Mosteiros][Lagoa][Caloura][Praia][Vila Franca do Campo][Furnas][Povoação][Nordeste][Gorreana][Ribeira Grande][Rabo de Peixe

Unterwegs auf Santa Maria **72**

Vila do Porto][Der Norden][Praia][Der Südosten

Terceira und Graciosa **76**

Die Hauptstadt Terceiras, Angra do Heroísmo, ist UNESCO-Welterbe, den Ort Biscoitos kennt man wegen seines Süßweins und der Fels-Badepools am Meer. Dazu gibt es Kraterkessel und Schwefelgrotten, ebenso wie auf der Nachbarinsel Graciosa.

Zur Orientierung **77**

Touren in der Region **77**

Unterwegs auf Terceira **81**

Angra do Heroísmo][Die Südostküste][Praia da Vitória][Serra do Cume][Biscoitos][Quatro Ribeiras][Die Kraterseen des Hochlands][Die Westküste][São Mateus da Calheta

Unterwegs auf Graciosa **92**

Santa Cruz][Der Inselwesten][Vila da Praia (São Mateus)][Caldeira][Carapacho

Faial

Faial 95

Treffpunkt aller Atlantiksegler ist traditionell die Inselhauptstadt Horta. Ein jüngeres Zeichen vulkanischer Aktivität kann man an der Westspitze am Vulcão do Capelinhos erleben.

Zur Orientierung 96
Touren in der Region 96
Unterwegs auf Faial 99
Horta][Praia do Almoxarife][Ribeirinha][
Cedros][Capelo][Vulcão dos Capelinhos][
Varadouro][Castelo Branco

Pico

Pico 110

Mit 2351 m ist die Insel Pico gleichzeitig Portugals höchster Berg, den zu besteigen ein einmaliges Erlebnis bietet. Die Weinbaulandschaft auf der Insel mit ihren charakteristischen Trockenmauern aus Lavagestein ist UNESCO-Welterbe.

Zur Orientierung 111
Touren in der Region 111
Unterwegs auf Pico 114
Madalena][Pico][São Mateus][São João][
Lajes do Pico][Piedade][Ponta da Ilha][Santo
Amaro][Prainha][São Roque do Pico][Die
Kraterseen des Hochlands

São Jorge

São Jorge 123

Die langgestreckte Insel, bekannt für ihren Käse, ist vor allem ein Wanderparadies. Eine Besonderheit sind die *fajãs,* Schwemmlandstreifen unterhalb der Steilküste, auf denen ein besonders mildes Klima herrscht.

Zur Orientierung 124
Touren in der Region 124
Unterwegs auf São Jorge 126
Velas][Beira][Rosais][Urzelina][Manadas][
Calheta][Ribeira Seca][Fajã dos Vimes][Die
Ostspitze][Die Nordküste

Flores und Corvo

Die beiden Inseln bilden die Westgruppe der Azoren und damit den äußersten Rand Europas. Flores ist ein Pflanzenparadies, das seinem Namen »Blumeninsel« alle Ehre macht. Die kleinste Insel des Archipels, Corvo, ist vor allem wegen ihrer Abgeschiedenheit einzigartig.

Zur Orientierung 133
Touren in der Region 133
Unterwegs auf Flores 135
    Santa Cruz das Flores][Gruta dos Enxareus][
    Der Norden][Lajes das Flores][Der Süden][
    Fajã Grande][Caldeiras
Unterwegs auf Corvo 139
    Vila Novo do Corvo][Caldeirão

Infos von A–Z 140

Register 141
Mini-Dolmetscher .... 144 und Umschlag hinten
Das System der Polyglott Sterne .... Umschlag vorne

Echt gut!

Die schönsten Landhaushotels 27
Zeugen des Vulkanismus 36
Highlights der Botanik 37
Die schönsten Adressen für Kunsthandwerk 41
Die besten Fischrestaurants 45
Kulinarische Souvenirs von São Miguel 62
Badeplätze auf Pico 115
Wandertouren auf São Jorge 130

Karten

São Miguel 54   Horta 101
Ponta Delgada 58   Pico 112
Santa Maria 73   São Jorge 124
Terceira 78   Flores 136
Angra do Heroísmo 83   Corvo 139
Graciosa 94   Übersichts-
Faial 98   karte .... Umschlag hinten

Reiseplanung

Die Reiseregion im Überblick][Die schönsten
Touren][Klima & Reisezeit][Anreise][Reisen in
der Region][Sport & Aktivitäten][Unterkunft

Die Reiseregion im Überblick

Bekannt sind die Azoren vor allem durch das nach ihnen benannte Hoch, das über der Inselgruppe entsteht, bevor es nach Europa weiterzieht und dort das Wetter bestimmt. Für Reisende sind die neun Vulkaneilande mitten im Atlantik aber nach wie vor ein Geheimtipp.

São Miguel und **Santa Maria** bilden die klimatisch bevorzugte Ostgruppe des Azoren-Archipels. Auf São Miguel gedeihen tropische Früchte, und die Südküste erinnert stellenweise an die Riviera. Im grünen Norden liefern die letzten Teeplantagen Europas handsortierten Tee. Grün und blau schimmern die Seen in den Einsturzkratern Sete Cidades und Lagoa do Fogo. Aus Quellen bei Furnas sprudelt heißes Wasser, das zum Baden und Kuren genutzt wird, und leckere Eintöpfe garen im Boden allein durch Erdwärme. Es gibt Unterkünfte für jeden Geschmack und Geldbeutel: Kleinere und größere Stadthotels in der Hauptstadt Ponta Delgada, Bade- und Taucherhotels am Meer und ländliche Quartiere in umgebauten Gutshöfen. Santa Maria, oft als »Algarve der Azoren« bezeichnet, wird seltener besucht. An den weißen Sandstränden von Praia und São Lourenço ist noch viel Platz. Ansonsten zeigt sich die Insel von den Dimensionen her recht übersichtlich, und selbst der Hauptort Vila do Porto wirkt sehr beschaulich.

Am Nordrand der Mittelgruppe liegen **Terceira** und **Graciosa**. Terceira besaß über Jahrhunderte hinweg den Haupthafen der Azoren und war wichtige Anlaufstelle auf dem Weg über den Atlantik. Dementsprechend ist die Hauptstadt Angra do Heroísmo mit Baudenkmälern reichlich ausgestattet und wurde von der UNESCO als Weltkulturerbe eingestuft. Besuchermagneten sind die Fumarolen Furnas do Enxofre und der Vulkanschlot Algar do Carvão. Der Weinbauernort Biscoitos ist nicht nur für seinen süßen Aperitif berühmt, sondern auch für die attraktiven Felspools am Meer. Das Hotel- und Freizeitangebot auf Terceira ist ähnlich wie auf São Miguel, auch wenn insgesamt weniger Besucher kommen. Die kleine Insel Graciosa hingegen, seit 2007 Biosphärenreservat der UNESCO, ist ein echter Geheimtipp. Auch hier gibt es Fumarolen und Vulkanschlote zu besichtigen, und Thermalquellen speisen ein Kurbad. Für längere Aufenthalte wird allerdings wenig geboten, Unterkünfte und Freizeitmöglichkeiten sind begrenzt.

Der Jachthafen der Hauptstadt Horta verleiht **Faial** eine junge, internationale Atmosphäre. Segeln, Tauchen und Whalewatching sind hier angesagt, aber auch Bummeln und Shopping. Ansonsten verteilen sich rings um die relativ kleine Insel einige Bauerndörfer, hinter denen sich Weideland bis zur Caldeira in die Höhe zieht. Wanderer kommen an diesem zentralen Riesenkrater auf ihre Kosten, ebenso wie im jungvulkanischen Westen der Insel, wo der durch einen unterseeischen Ausbruch in den 1950er-Jahren entstandene Vulcão dos Capelinhos als jüngster Vulkan der Azoren viele Neugierige anzieht. Die meisten Besucher von Faial wohnen in Horta, aber auch auf dem Land gibt es ruhige Quartiere.

Portugals höchster Berg ist zugleich eine ganze Insel: **Pico.** Der wunderschöne Vulkankegel überragt ein einsames, grünes Hochland mit lauschigen Krater-seen. Unten am Meer erstreckt

Pico: Erstarrte Lava kann die bizarrsten Formen annehmen

sich ein Mosaik aus winzigen Weinbergparzellen, von dunklen Lava-steinmauern gesäumt, das der UNESCO die Auszeichnung als Weltkul-turerbe wert war. Auch verteilen sich an der Küste kleinere und größere Orte mit komfortablen oder bescheidenen Unterkünften, die allesamt viel unverdorbene Landschaft um sich herum bieten. Nur im Hauptort Madalena gibt es zwei Hotels. Pico ist ein Eldorado für Wanderer, Wal-beobachter und Taucher, die ein individuelles Ambiente lieben.

Wanderinsel der Azoren schlechthin ist **São Jorge** mit seiner flachen, von niedrigen Vulkankegeln gekrönten Hochebene und den berühmten *fajãs,* Schwemmlandstreifen mit Strandseen unterhalb der Steilküste, von denen einige nur zu Fuß zu erreichen sind. Es gibt nur wenige, dafür aber familiär geführte und behagliche Quartiere. Auch Camping ist auf São Jorge verbreiteter als auf den anderen Inseln. Die Unterhal-tungsangebote sind bescheiden, dafür gibt es hier viel Natur, Ursprüng-lichkeit und den besten Käse der Azoren.

Am äußersten Rand des Archipels liegt die Westgruppe: **Flores** und **Corvo.** Flores erhält viel Regen durch Tiefausläufer, profitiert allerdings auch in besonderem Maße vom Golfstrom. Der deshalb besonders üppigen Vegetation verdankt die Insel ihren Namen (port. *flores* = Blu-men). Mit historischen Gemäuern und urigem Fischerhafen wirkt der Hauptort Santa Cruz fast museal. Hier, aber auch im Fährhafen Lajes oder im Badeort Fajã Grande kann man sich einquartieren. Wander-wege durchziehen das Hochland mit seinen attraktiven Kraterseen und die Steilküste im Westen. Weitere Aktivitäten sind Seekajakfahren, Tau-chen und Bootsfahrten. Die winzige Nachbarinsel Corvo – ein weiteres Biosphärenreservat der UNESCO – ist ein Ziel für absolute Inselfreaks. Es gibt eine Pension, ein Restaurant und zwei Sehenswürdigkeiten: ein Besucherzentrum mit Ausstellungen zu Natur und Kultur sowie den zentralen Vulkankrater Caldeirão.

Die schönsten Touren

Vier Azoreninseln in zwei Wochen

1 São Miguel ❯ Terceira ❯ Pico ❯ Faial

Dauer:
São Miguel (Ponta Delgada) ❯ **Terceira** 45 Min. Flugzeit; **Terceira** ❯
Pico 30 Min. Flugzeit; **Pico (Madalena)** ❯ **Faial (Horta)** ca. 20 Min.
Überfahrt per Fähre

Verkehrsmittel:
Flüge mit SATA Air Açores (❯ S. 19) von **São Miguel** nach **Terceira**
mehrmals täglich, von **Terceira** nach **Pico** einmal am Tag;. Personenfähren der Transmaçor (❯ S. 19) von **Madalena (Pico)** nach **Horta (Faial)** 4–6 x tgl. Auf den Inseln fährt man mit Mietwagen oder
Taxi, da das Busliniennetz nicht dicht genug ist.

Nach der Ankunft in ***Ponta Delgada** ❯ S. 56 auf **São Miguel** bleibt
meist Zeit, um in Ruhe ein Quartier zu beziehen, einen abendlichen
Bummel durch die Innenstadt zu unternehmen und in einem der kleinen, landestypischen Restaurants einzukehren. Am zweiten Tag steht
der Westen der Insel auf dem Programm. Die reizvolle Gegend um den
Doppelkrater von Sete Cidades ❯ S. 61 bietet sich für einen Spaziergang an, bevor Sie am Strand von ***Mosteiros ❯ S. 62 relaxen – einem
der besten Badestrände von São Miguel. Den Abend können Sie in einer
der lebendigen Kneipen von Ponta Delgada verbringen.

Am dritten Tag erkunden Sie den Süden: Schauen Sie am urigen
kleinen Hafen von ***Caloura** ❯ S. 63 den Fischern und Anglern zu,
streifen in **Vila Franca do Campo** ❯ S. 65 auf den Spuren der Entde-
ckungsfahrer durch die Gassen und entspannen sich im riesigen Park
von ****Furnas** ❯ S. 65 am Thermalbadeteich. Lassen Sie sich anschließend mit dem berühmten vulkangekochten *cozido* verwöhnen. Ein
letzter Tag auf São Miguel: der ursprüngliche, aussichtsreiche Osten bei
Nordeste ❯ S. 68 und das Teeanbaugebiet von **Gorreana** ❯ S. 69 warten
auf Sie.

Dann geht es weiter nach **Terceira**, wo Sie in *****Angra do Heroísmo** ❯ S. 81 Quartier beziehen. Der Rest des Tages steht ganz im Zeichen
dieser Stadt, die Flair, Historie und Shoppingvergnügen bietet. In weiteren zwei Tagen können Sie in ***Biscoitos** ❯ S. 88 die berühmten Lava-

Von der Igreja Mãe de Deus in Ponta Delgada genießt man einen herrlichen Ausblick

pools genießen und im einsamen Hochland den Erscheinungsformen eines schlummernden Vulkanismus nachspüren, an der lieblichen Ostküste bunte Heiliggeisttempel entdecken und in **Praia da Vitória** › S. 88 den herrlichen Strand genießen.

Weiter fliegen Sie nach **Pico** › S. 110, wo sie in **Madalena** › S. 114 am Nachmittag vielleicht noch Gelegenheit zu einem Spaziergang entlang der felsigen, von Weingärten gesäumten Küste haben. Am folgenden Morgen ist es günstig, möglichst früh ins zentrale Hochland zu fahren, bevor sich dort im Tagesverlauf Wolken bilden. Zum Lunch bietet sich **Lajes** › S. 119 an, wo auch das Walmuseum quasi zum Pflichtprogramm gehört. An einem weiteren Tag möchten Sie vielleicht eine komplette Inselumrundung unternehmen – mit Stopps an der Ostspitze, der **Ponta da Ilha** › S. 121, und im Kunsthandwerkerdorf **Santo Amaro** › S. 121.

Die Überfahrt per Boot nach **Faial** › S. 95 erfolgt am Morgen, um genügend Zeit für einen Bummel durch die Hafenstadt ****Horta** › S. 99 zu haben, am Jachthafen Seglerflair zu genießen und Peters Scrimshaw-Museum zu besuchen. Denn am nächsten Tag steht eine Rundfahrt um die Insel an, mit dem Highlight ****Vulcão dos Capelinhos** › S. 108. Für ein Bad im Lavapool und zur Einkehr ist **Varadouro** › S. 109 die beste Adresse. Zum Abschluss der Reise sollten Sie die Auffahrt zur ***Caldeira** › S. 105 nicht versäumen. Diesen letzten Tag beenden Sie in aller Ruhe am Strand von **Praia do Almoxarife** › S. 105.

Zwei Wanderwochen auf Faial, Pico und São Jorge

② › Faial › Pico › São Jorge › Faial

Dauer:
Faial (Horta) › **Pico (Madalena)** ca. 20 Min. Fährüberfahrt; **Pico (São Roque)** › **São Jorge (Velas)** ca. 30 Min. Fährüberfahrt; **São Jorge (Velas)** › **Faial (Horta)** ca. 90 Min. Fährüberfahrt

Verkehrsmittel:
Personenfähren der Transmaçor (› S. 19) von **Faial (Horta)** nach **Pico (Madalena)** ganzjährig 4–6 x tgl.; täglicher Anschluss von **Pico** nach **São Jorge (Velas)** nur Anfang Juni–Mitte Sept.
Autofähre der Atlântico Line (› S. 19) von **Pico (São Roque)** nach **Velas** Ende April–Ende Sept. 2 x pro Woche. In den übrigen Zeiten ist São Jorge nur mit Flügen der SATA Air Açores (› S. 19) zu erreichen. Auf den Inseln können sich Wanderer per Taxi zum Ausgangspunkt fahren und am Endpunkt wieder abholen lassen. Einige Touren sind auch per Mietwagen oder Linienbus zu realisieren.

Für den Tag nach der Anreise sollten Sie die Wanderung (3 Std.) rund um die ***Caldeira** auf **Faial** einplanen › S. 105. Diese Tour ist wetterabhängig, denn oft ist der Gipfelbereich wolkenverhangen. Dann besteht die Möglichkeit mit der zweiten Wanderung (2,5 Std.) zu tauschen, die rund um den Vulkankegel **Cabeço da Fonte** führt › S. 107. Den Rest des Tages füllen Badestopps, Besichtigungen, Picknicks und Einkehr in ländlichen Lokalen.

Dann setzen Sie nach **Pico** über, wo **Madalena** › S. 114 der zentralste Standort ist. Den Rest des Tages relaxen Sie am Hotelpool oder widmen sich den bescheidenen Sehenswürdigkeiten des Ortes. Außerdem ist es sinnvoll, sich bereits jetzt um einen Bergführer für die übernächste Tour, die Besteigung des Pico, zu kümmern. Erst folgt jedoch die Auffahrt zur Vulkanhöhle **Furna de Frei Matias**

Küste von São Jorge mit ihren Lagunen

› S. 116 mit anschließendem Abstieg (3 Std.) über den romantischen Park der **Quinta das Rosas** › S. 114, wo Sie den mitgenommenen Proviant auspacken können. Am nächsten Morgen wird früh aufgebrochen, rund drei Stunden vor Sonnenaufgang, um den Gipfelblick vom **✶✶Pico** möglichst wolkenfrei zu erleben (Auf- und Abstieg 6 Std; › S. 118). Zur Erholung steht einen Tag später eine beschauliche Küstenwanderung (1,5 Std.) nach **Calhau** › S. 116 auf dem Programm.

Auf **São Jorge** beziehen Sie im Hauptort **Velas** › S. 126 Quartier. Weitere drei Touren stehen jetzt an: ein Rundweg (4 Std.) an der Westspitze **Ponta dos Rosais** › S. 127, ein steiler Abstieg (4 Std.) zur Küstenebene **Fajã dos Cubres** › S. 131 und ein gemütlicher Höhenweg (4,5 Std.) über den **Pico da Esperança** › S. 131 mit Panoramablicken. Zwischendurch gönnen Sie sich einen Ruhetag, um eine Käserei zu besichtigen oder einen Ausflug in den Inselosten zu unternehmen. Dann fahren Sie zurück nach Faial, um dort am letzten Tag noch einmal die Stadt Horta zu genießen oder zum Whalewatching auszulaufen, bevor die Rückreise ansteht.

Für Inselfans: Der ganze Archipel mit dem Fährschiff in fünf Wochen

3 São Miguel › Santa Maria › São Miguel › Terceira › Graciosa › Faial › Pico › São Jorge › Faial › Flores › Corvo › Flores › Faial › São Miguel

Dauer:

Dauer der Fährüberfahrten: **Ponta Delgada (São Miguel)** › **Vila do Porto (Santa Maria)** 3,5 Std.; **Ponta Delgada** › **Praia da Vitória (Terceira)** 5,5 Std.; **Praia da Vitória** › **Graciosa** 4 Std.; **Graciosa** › **Horta (Faial)** 4 Std.; **Horta** › **Madalena (Pico)** 20 Min.; **São Roque (Pico)** › **Velas (São Jorge)** 30 Min.; **Velas** › **Horta** 1,5 Std.; **Horta** › **Flores** 8 Std.; **Flores** › **Corvo** 45 Min.–1,5 Std.; **Horta** › **Ponta Delgada** 9 Std.

Verkehrsmittel:

Diese Tour ist fahrplanbedingt nur Mitte Juni–Mitte Sept. durchführbar. Auf Langstrecken verkehren Fährschiffe der Reederei Atlântico Line (› S. 19). Für die kürzeren Überfahrten zwischen Faial, Pico und São Jorge sind Personenfähren der Transmaçor (› S. 19) im Dienst. Corvo wird regulär nur ab Flores per Frachtschiff angefahren, das Passagiere mitnimmt. Oder man chartert in Santa Cruz das Flores ein kleines Boot für einen Tagesausflug nach Corvo. Auf den Inseln kommen als Verkehrsmittel je nach Ziel und Zeitrahmen Mietwagen, Taxis und Linienbusse in Frage.

Die ersten zwei oder drei Tage sind **São Miguel** gewidmet, wo Sie am besten Quartier in der Haupt- und Hafenstadt ***Ponta Delgada** › S. 56 beziehen. Von dort unternehmen Sie Ausflüge in den Westen der Insel zur ****Caldeira das Sete Cidades** › S. 61 und in den Osten nach ****Furnas** › S. 65 mit seinen heißen Thermalquellen. Dann geht es zur kleineren Nachbarinsel **Santa Maria** › S. 72. Abhängig vom Fahrplan bleiben Sie hier etwa drei Nächte, am besten im Hafenort **Vila do Porto** › S. 72. Auf Santa Maria lässt sich eine schöne Wanderung zum höchsten Gipfel, dem **Pico Alto** › S. 74 unternehmen. Ein weiteres lohnendes Ziel ist die Strandbucht von ***São Lourenço** › S. 75.

Zurück auf São Miguel müssen Sie ein oder zwei Zwischenübernachtungen einplanen, bevor die Fähre Richtung **Praia da Vitória** › S. 88 auf **Terceira** ablegt. Wieder stehen ca. drei Übernachtungen an, am schönsten in *****Angra do Heroísmo** › S. 81. Sie können nun diese angeneh-

Anfahrt auf Pico

me Stadt genießen und Ausflüge in die vulkanische Bergwelt oder zu den Lavapools von ***Biscoitos** › S. 88 unternehmen.

Weiter geht es nach *****Graciosa** › S. 92. Dort wird fahrplanbedingt ein Aufenthalt von etwa drei Tagen fällig, an denen Sie es ruhig angehen lassen können, denn ein Tagesausflug genügt, um die ganze Insel kennenzulernen. Der Thermalkurort **Carapacho** › S. 94 bietet sich zum Relaxen an.

Nächstes Ziel ist ****Horta** auf der Insel **Faial** › S. 95. Hier wird zweimal übernachtet, um einen vollen Tag für eine Inselrundfahrt mit Besuch der ***Caldeira** › S. 105 und des ****Vulcão dos Capelinhos** › S. 108 zur Verfügung zu haben. Die verbleibende Zeit nutzen Sie, um das Flair der Hafenstadt Horta auszukosten.

Nach der kurzen Überfahrt nach **Pico** beziehen Sie Quartier in **Madalena** › S. 114. Hier können Sie entlang der flachen Felsküste spazieren, eine hübsche Badebucht suchen und das Weinmuseum besichtigen. Eine Inselrundfahrt mit Stopp im Walfängerort **Lajes** › S. 119 und Zwischenübernachtung in **Piedade** › S. 120 kann anschließen.

Nach zwei oder drei Tagen setzen Sie von **São Roque** › S. 122 nach **Velas** auf **São Jorge** › S. 123 über. Hier reicht die Zeit nun wiederum nur für eine eintägige Inselrundfahrt, wobei Sie die **Fajã dos Cubres** › S. 131 ebensowenig versäumen sollten wie die Westpitze **Ponta dos Rosais** › S. 127.

Dann fahren Sie zurück nach Horta, wo Sie einmal übernachten, bevor Sie das Fährschiff nach **Flores** › S. 135 besteigen. Da diese Insel nur einmal pro Woche auf dem Fahrplan steht, ist dort ein längerer Aufenthalt angesagt. Die Zeit geht jedoch wie im Flug vorüber, wenn

Sie die Kraterseen auf dem grünen Hochland oder die bizarren Steilküsten erwandern, eine Bootsfahrt zur **Gruta dos Enxaréus** › S. 136 unternehmen oder sich mit dem Seekajak aufs Meer wagen. Zwischendurch steht ein Abstecher nach *****Corvo** › S. 139 auf dem Programm, entweder als Tagesausflug oder mit Übernachtung (rechtzeitig anmelden), um die unvergleichliche Ruhe dieser Insel und ihrer Bewohner zu genießen.

Auf der Rückreise gehen Sie noch einmal in Horta (Faial) an Land, wo wiederum zwei Zwischenübernachtungen fällig sind. Jetzt bieten sich eine Ausfahrt zum Whalewatching oder ein gemütlicher Badetag an der **Praia do Almoxarife** › S. 105 an. Etwa drei Tage vor Ihrem Heimflug müssen Sie die Rückfahrt nach Ponta Delgada antreten. Dort ist also noch Gelegenheit für weitere Unternehmungen oder zum Entspannen am Hotelpool oder Strand.

Touren in den Regionen

Touren	Region	Dauer	Seite
São Miguel umfassend erlebt	São Miguel	3 Tage	51
Die prächtigsten Gärten auf São Miguel	São Miguel	2 Tage	52
Wanderungen zu den schönsten Kraterseen auf São Miguel	São Miguel	3 Tage	53
Highlights von Santa Maria	Santa Maria	1 Tag	53
Zwei-Insel-Tour	Terceira und Graciosa	1 Woche	77
Terceiras bunteste Heiliggeist-tempel	Terceira	1 Tag	79
Einmal rund um die Insel	Faial	1 Tag	96
Zwei Vulkanwanderungen	Faial	2 Tage	97
Route für Mountainbiker	Faial	1 Tag	97
Inselrundfahrt komplett	Pico	2 Tage	111
Auf den Spuren der Walfänger	Pico	2 Tage	112
Inselrundfahrt kompakt	São Jorge	1 Tag	124
Die schönsten Wanderungen	São Jorge	3 Tage	125
Die zwei Westinseln intensiv	Flores und Corvo	3 Tage	133
Zwei Wanderungen auf der Blumeninsel	Flores	2 Tage	134

Klima und Reisezeit

Zwar bringt das Azorenhoch, das sich regelmäßig über dem Atlantik südlich des Archipels aufbaut, Europa sonniges Wetter. Doch auf den Inseln selbst hat jeder Tag vier Jahreszeiten – sagen die Azorianer. Gemeint sind schnelle Wechsel von Regenschauern und Sonnenschein, Sturmböen und Windstille. Die Nordküsten erleben fast immer starken Seegang und Wind. Die Südseiten vor allem der höheren Inseln genießen generell ein milderes Klima. Häufig in Nebelbänke hüllen sich die Berge, so dass Wanderer die Sonnenlöcher nutzen sollten. Als

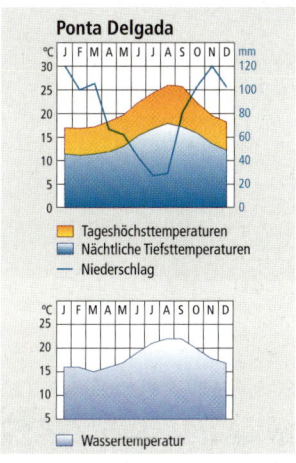

wärmste Insel gilt Santa Maria. Je weiter man innerhalb des Archipels nach Westen kommt, umso rauer kann das Wetter werden. Dies gilt insbesondere für Flores und Corvo.

Allgemein sind die Temperaturen ganzjährig recht ausgeglichen. Sie schwanken tagsüber etwa zwischen 14 °C im Februar und 28 °C im August. Nachts kühlt es nur wenige Grad ab. Generell ist die Luftfeuch-

Wann wohin?

Ein Event, der das Herz von Blumenliebhabern höher schlagen lässt, ist die Hortensienblüte. Sie erstreckt sich von Ende Juni in den tieferen Lagen bis in den September hinein in den Bergen. Im September wird sie durch die Ingwerblüte abgelöst. Dann entfalten sich überall die attraktiven, orangefarbenen Rispen der Girlandenblume (Zier-Ingwer). In der Osterzeit blühen zahlreiche Azaleen und Rhododendren. Wer die Azorianer beim Feiern erleben möchte, sollte zu Pfingsten anreisen, der Zeit der Heiliggeistfeste › S. 42. Vielerorts werden sie aber auch noch an den folgenden Wochenenden bis weit in den Sommer hinein begangen. Speziell in Ponta Delgada ist die Festa do Senhor Santo Cristo dos Milagres fünf Wochen nach Ostern ein Höhepunkt des Festtagskalenders › S. 42. Im August steigt auf Santa Maria das internationale Musikfestival »Maré de Agosto«, auf Faial die »Woche des Meeres« und auf Pico das Walfängerfest.

tigkeit recht hoch. Schwülwarm wird es im August und September. Die Niederschläge verteilen sich gleichmäßig über das Jahr, stärkere Winde sind eher im Winter zu verzeichnen. Ganzjährig gehören robuster Regenschutz und ein winddichter Anorak ins Gepäck, zwischen Oktober und Mai auch ein wärmender Pullover

Beliebteste Reisezeit ist der Sommer (Juni bis September). Diese Zeit fällt mit der Badesaison zusammen. Im Juli/August urlauben viele Emigranten aus Übersee auf den Inseln, außerdem lockt das angenehme aber nicht zu heiße Klima zahlreiche Feriengäste vom portugiesischen Festland an. Dann sind die begrenzten Bettenkapazitäten schnell ausgebucht. Also empfehlen sich eher der Juni oder September für eine Reise auf die Azoren. Besonderen Reiz haben die Übergangszeiten (Oktober und April/Mai) sowie die eigentlichen Wintermonate, wenn kaum Touristen unterwegs sind, aber an manchen Tagen strahlender Sonnenschein auf die Inseln fällt.

Anreise

Deutsche Ferienflieger bedienen die Azoren nicht. **SATA Internacional** (www.sata.pt) fliegt von Frankfurt 1 x pro Woche (Juni–Sept. 2 x pro Woche) nach Ponta Delgada (São Miguel; Flugzeit 4,5 Std.). Ansonsten geht es stets über Lissabon. Von dort gelangt man mehrmals täglich mit **TAP Air Portugal** (www.flytap.com) oder SATA in ca. 2 Std. auf die Azoren. Angeflogen werden Ponta Delgada, Terceira und Horta (Faial).

Nach Lissabon besteht täglich Anschluss ab Frankfurt, München, Düsseldorf, Stuttgart, Berlin, Wien, Zürich und Genf mit TAP, Lufthansa, Air Berlin, Austrian Airlines und Swiss.

Flüge von Mitteleuropa zu den Azoren kosten in der Economy Class hin und zurück ca. 700 €. Bei SATA gibt es Angebote für Touristen, die gewissen Einschränkungen bei der Buchung unterliegen, für 320–440 € (Stand: Sommer 2008).

Fährverbindungen von den Azoren zum Festland existieren nicht.

Reisen in der Region

Inlandflüge

Die Fluggesellschaft **SATA Air Açores** bedient alle Inseln mit Propellermaschinen der Typen British Aerospace ATP und Fairchild Dornier 228. Gebuchte Flüge sollte man stets ein oder zwei Tage vor Abflug rückbestätigen. Pufferzeiten muss man – gerade wenn es um den Urlaubsrückflug geht – einplanen, da Abflüge sich wetterbedingt verzögern können. Preisbeispiele: Ponta Delgada (São Miguel) – Terceira 87 €, Ponta Delgada – Santa Maria 53 € (Sommer 2008; jeweils einfache Strecke). Inhaber des mit SATA-Internacional-Flügen ab Frankfurt kombinierten **Azores Air Pass** erhalten auf interinsulare Flüge 20% Rabatt. Flugplan und Buchung: www.sata.pt.

Schiffsverbindungen

Die **Atlântico Line** (Fahrplan: www.atlanticoline.pt) betreibt zwei Autofähren: Die »Ilha Azul« verkehrt Ende April–Ende Sept. zwischen den Inseln der Ost- und Mittelgruppe. Von Mitte Juni bis Ende September erhält sie Verstärkung durch die »Santorini«. Dann wird auch Flores bedient. Preisbeispiele: Ponta Delgada (São Miguel) – Praia da Vitória (Terceira) 47 €, Ponta Delgada – Vila do Porto (Santa Maria) 27 € (Sommer 2008; jeweils pro Person einfach). Vorausbuchung nicht nötig, Ticketverkauf in Reisebüros vor Ort. Kabinen gibt es nicht, die Fahrten erfolgen tagsüber.

Personenfähren der **Transmaçor** (Tel. 292 200 380, www.transmacor.pt) verkehren zwischen vier Inseln der Mittelgruppe. Die Strecke Horta (Faial) – Madalena (Pico) wird ganzjährig bedient (im Sommer 6 mal tgl., im Winter 4 mal tgl.); Anfang Juni–Mitte Sept. außerdem Katamaranfähre von Horta nach Velas (São Jorge) 1–2 mal tgl. (mit Zwischenstopps in Madalena u./o. São Roque) und ab Anfang Juli 3–4 mal pro Woche weiter bis Calheta (São Jorge). Anfang Juli–Mitte Sept. kommt 3–4 mal pro Woche die Strecke Horta – Angra do Heroísmo (Terceira) hinzu, mit Zwischenstopps in São Roque (Pico), Velas und Calheta. Preisbeispiele: Horta – Madalena 3,40 € (Katamaran 4,10 €), Horta – Velas 16,70 €, Horta – Angra 47,75 € (Sommer 2008; jeweils einfach). Ticketverkauf am Hafenschalter.

Auf den Inseln

Linienbusse: Die Liniennetze auf São Miguel und Terceira sind relativ dicht. Auf den anderen Inseln verkehren nur wenige Busse. Für Touren und Ausflüge – speziell in die zentralen, gebirgigen Teile der Inseln – sind Busse daher nur in seltenen Fällen geeignet.

Unterwegs mit Kindern

Angebote oder Einrichtungen für kleinere Kinder gibt es auf den Azoren kaum. Größere Kinder finden Gefallen an den Reitmöglichkeiten › S. 21 und am Whalewatching und Schwimmen mit Delfinen › S. 35.

Im Hotel und Restaurant

Größere Hotels stellen Kinderbetten und Hochstühle zur Verfügung und organisieren vielfach auf Wunsch einen Babysitter-Service. Familien sind aber oft besser im Ferienhaus aufgehoben › S. 27. Vor allem in einfacheren Lokalen und Ausflugsrestaurants sind Kinder gern gesehene Gäste. Kinderteller gibt es meist nicht, aber fast überall kann man halbe Portionen (*meia dose*) bestellen.

Baden und andere Aktivitäten

Für einen reinen Badeurlaub mit Kindern eignen sich die Azoren nicht. Es gibt nur wenige Sandstrände, die einigermaßen sicher sind › S. 24. Die vielerorts vorhandenen Felsbadeanlagen sind für kleinere Kinder gefährlich, und in den Thermalbädern vergnügt sich ein eher gesetztes Publikum. In Vila Franca do Campo (São Miguel) gibt es einen Wasser-Vergnügungspark mit Rutschen und Pools.

Größere Kinder können durchaus auf Wanderungen mitgenommen werden. Spannend ist auch die Besichtigung einer Vulkanhöhle. Auf Faial kann man auf Jachten mitsegeln oder Mountainbike fahren.

Badespass

■ **Aquaparque Atlântico Splash**
Vila Franca do Campo
Rua Manuel António Martins Mota,
Tel. 296 539 160,
http://splash.atlanticovila.pt.
Juni–Mitte September 10–19 Uhr,
Eintritt je nach Alter 1,50–5 €.

Mietwagen: Recht verbreitet sind Mietwagen. Wer eine Unterkunft über einen Reiseveranstalter bucht, kann den Wagen meist schon mitbuchen. Ansonsten gibt es an den Flughäfen (außer auf Corvo) Büros von internationalen und örtlichen Mietwagenfirmen. Auch Hotels helfen bei der Vermittlung. Wer viel unterwegs ist, kommt mit einem Pauschalpreis (ohne Kilometerbegrenzung) meist besser weg als mit Einzelabrechnung der gefahrenen Kilometer. Auf São Miguel, Terceira und Faial kostet die Wagenmiete pro Tag (inkl. Steuern und Vollkaskoversicherung) ab ca. 40 €. Teurer wird es z.T auf den anderen Inseln.

Taxis: Berechnet wird ein Mindestpreis von ca. 3 € und dann pro km; Komplettmiete halbtags ca. 60 €, ganztags ca. 100–130 € je nach Fahrstrecke.

Sport und Aktivitäten

Wandern

Die wohl wichtigste Urlaubsaktivität auf den Azoren ist das Wandern. Erkunden lassen sich die Inseln auf Forstpisten, Viehauftriebswegen *(canadas)* und Fußpfaden. In diesem Führer wurden die schönsten Touren in Form von Kurzbeschreibungen aufgenommen. Bei der Durchführung helfen spezielle Wanderbücher (im deutschsprachigen Buchhandel). Eigentliche Wanderkarten gibt es nicht. Man ist auf Straßenkarten angewiesen, in denen Wanderwege teilweise verzeichnet sind. Verschiedene Spezialveranstalter bieten Gruppen-Wanderreisen auf die Azoren an. Zur Ausrüstung sollten regen- und winddichte Kleidung sowie knöchelhohe Trekkingstiefel zählen.

Reiten

Reiten wird speziell auf São Miguel und Terceira groß geschrieben und hat eine lange Tradition, die auf den Großgrundbesitz in der Blütezeit des Orangenanbaus zurückgeht. Auf beiden Inseln gibt es zu Landhotels umgebaute Gutshöfe, die Pferde für ihre Gäste bereithalten, z.B. auf São Miguel die Casa do Monte (Santo António), Quinta das

Aufstieg zur Lagoa do Fogo, São Miguel

Queimadas (bei Nordeste) und Quinta de Santana (bei Rabo de Peixe), auf Terceira die Quinta do Rossio (Biscoitos), Quinta do Martelo und Quinta do Pombal (beide in São Mateus da Calheta). Einzelheiten › bei den jeweiligen Ortsbeschreibungen.

Echt gut!

Ein regelrechter Reiterhof mit reinrassigen und gekreuzten lusitanischen Pferden ist auf São Miguel die **Quinta da Terça** in Livramento bei Ponta Delgada (Rua Padre Domingos, Tel. 296 642 134, www.quintada terca.com ●●). Neben abwechslungsreichen Ausritten (2–3 Std, halbtägig oder ganztägig) wird auf Anfrage auch Unterricht angeboten, und eine Reithalle ist ebenfalls vorhanden. Die Unterbringung erfolgt in fünf komfortablen Zimmern im alten Herrenhaus (16.Jh.).

Radfahren

Auf den Azoren gibt es viele verkehrsarme Nebenstraßen, asphaltierte Feldwege und Pisten. Für Mountainbiker sind die Insel dadurch ein interessantes, allerdings kaum erschlossenes Terrain. Ausgewiesene Routen gibt es nicht. Wer einen kompletten Fahrradurlaub plant, sollte das Rad von zu Hause mitbringen (Mitnahme im Flugzeug vorher anfragen). Innerhalb der Azoren ist Transport nur per Fähre möglich. Ersatzteile sind schwer erhältlich, daher empfiehlt sich die Mitnahme des Nötigsten. Gelegenheitsfahrer können Mountainbikes auf den Azoren für ca. 10 € pro Tag mieten:

■ **Agência Cruserve**
Insel Terceira, Angra do Heroísmo, Rua do Cruzeiro 10, Tel. 295 215 242
■ **Peter Café Sport**
Insel Faial, Horta › S. 99. Im Angebot sind auch verschiedene geführte Touren, z.B. Transfer zur Caldeira mit Downhill von 1000 Höhenmetern per Bike.
■ **BOCA (Espaço Talassa)**
Insel Pico, Lajes do Pico › S. 119.

Golf

Auf den Azoren gibt es drei Golfplätze. Weitere Infos: www.portugalgolf.de.
■ **Azalea Golf**
Insel São Miguel, Fenais da Luz
Tel. 296 498 540
27-Loch-Kurs (auch Batalha Golf), 8 km nördlich von und Ponta Delgada, Green Fee 80 €.
■ **Cedars Golf**
Insel São Miguel, Bei Furnas
Tel. 296 584 341
18-Loch-Platz, Green Fee 80 €.

■ **Ilha Terceira Golf**

Fajäs da Agualva, Tel. 295 902 444, www.terceiragolf.com.
In schöne Landschaft eingebettete 18-Loch-Anlage, Green Fee 25–30 €.

Segeln

Der wichtigste Jachthafen der Azoren befindet sich in Horta. Dort kann man mit dem auf Faial lebenden Deutschen Robin Kersten auf seinem 16-Meter-Katamaran **Simile** Halbtages- oder Tagestörns unternehmen (47 bzw. 85 € pro Person), Tel. 966 909 529, www.simile-sailing.com oder über Peter Café Sport, › S. 99. Die 31-Fuß-Jacht **Ufonium** von Miguel Toscano kann man ab Horta komplett mit Skipper für individuelle Törns innerhalb der Mittelgruppe der Azoren chartern. Buchung mindestens vier Wochen vor dem geplanten Termin, Tel. 934 108 720, http://sailingazores.planetaclix.pt, maximal 5 Personen, pro Tag 200 €.

Auf Flores bietet **Argonauta** Bootstouren, Kajakverleih, geführte Wanderungen und Camping, Rua Senador André de Freitas, Fajã Grande, Lajes das Flores, Tel. 292 552 219, www.argonauta-flores.com.

Tauchen

Taucher finden um die Azoren ein interessantes Revier mit unzähligen Tauchspots und werden vom Artenreichtum der Fische und anderen Meerestiere überrascht sein. Im Sommer (speziell August/September) ist die Chance groß, einem Manta zu begegnen. Tauchbasen:

■ **Espirito Azul**

São Miguel, Vila Franca do Campo, Tel. 914 898 253, www.espiritoazul.com.
Professionell arbeitende Basis, auch Schnorcheln.

■ **Wahoo Diving**

Santa Maria, Forno, Tel. 296 884 005, www.wahoo-diving.de.
Gestartet wird per Schlauchboot je nach Wetterlage in Vila do Porto oder in der Baía de São Lourenço.

■ **Norberto Diver**

Faial, Horta, Tel. 292 293 891, www.norbertodiver.com.
Auch Whalewatching, Delfinschwimmen und Ausflüge sind im Programm.

■ **Pico Sport**

Pico, Madalena, Tel. 292 622 980, www.whales-dolphins.net.
Nicht nur Whalewatching, sondern auch Tauchgänge zu mehr als 30 Spots werden von der deutschsprachigen Basis organisiert. Ausrüstung ist nach Möglichkeit mitzubringen.

■ **Marvelas**

São Jorge, Velas, Tel. 295 414 055, www.ecotriangulo.com.
Buchbar nur in Kombination mit Aufenthalt im Hotel Jardim do Triângulo › S. 128.

Außerdem sind dem **Caloura Hotel Resort** › S. 64 in Caloura auf São Miguel und dem **Hotel Ocidental** › S. 136 in Santa Cruz das Flores Tauchbasen angeschlossen.

Mehr als nur Strände

Auf den Azoren gibt es nicht viele Sandstrände, und Baden im Meer ist wegen der Brandung nicht überall ungefährlich. Allerdings haben die Azorianer mit Felspools eine Alternative geschaffen. Wem das Meerwasser zu kalt ist, wird sich auch gerne in wohlig-warmen Thermalbecken vergnügen.

Strände:
klein aber fein

Den längsten Badestrand der Azoren besitzt **Praia da Vitória**

Warnflaggen

Auch die Lavapools sind nicht bei jeder Wetterlage zu benutzen! Flaggen zeigen die aktuelle Situation:
Grün = keine Gefahr
Gelb = Baden nur für geübte Schwimmer
Rot = Baden verboten

(Terceira, › S. 88). Durch Wellenbrecher ist er besonders sicher und auch für Kinder geeignet. Komfort bietet ein Strandbad mit Duschen und Umkleidekabinen.

Landschaftlich traumhaft gelegen, aber auch der Brandung stärker ausgesetzt ist die **Praia dos Mosteiros** an der Nordwestküste von São Miguel. Gefahrloser badet man am Strand von **Ribeira Quente** im Süden der Insel. Warme Quellen, die unter dem Meeresspiegel sprudeln, sorgen dort für angenehme Wassertemperaturen. Normalerweise erreicht der Atlantik bei den Azoren selbst im August kaum mehr als 22 °C. Badesaison ist von Juni bis November, wenn die Wassertemperaturen über 18 °C liegen.

⚠ Baden im Atlantik bei ablaufendem Wasser ist nicht ungefährlich – auch geübte Schwimmer wurden schon abgetrieben.

Örtliche Tageszeitungen veröffentlichen die Zeiten des höchsten *(maré alta)* und niedrigsten Wasserstandes *(maré baixa)*.

Pools im Lavafels

Die schönsten Lavapools befinden sich in **Biscoitos** (an Terceiras Nordküste › S. 89). Je nach Gezeitenstand schwimmt man im geschützten inneren Teil oder im offenen Meer. Betonierte Liegeflächen, Umkleidekabinen und Duschen machen aus der Anlage ein gepflegtes Schwimmbad.

Der Lavapool von **Varadouro** (Faial, › S. 109) ist nur im Sommer in Betrieb. Wenn er kein Wasser enthält, badet man direkt im Meer in einer geschützten Felsbucht. Mit allen Einrichtungen versehen wurde die ausgedehnte Felsbadeanlage von **Madalena** im Nordwesten von Pico. Vielleicht noch schöner, weil naturbelassener, ist das Lavabad von **Santo António** in der Baia da Furna (westlich von Cais do Pico an der Nordküste).

Relaxen im Thermalbad

Heiße Quellen und stilvolles Jahrhundertwende-Ambiente bieten Wellness auf romantische Art. Stets über 30 °C warm ist der Badeteich im Park von **Furnas** (São Miguel, › S. 65), das größte Thermalbecken der Welt!

Im noblen Hotel **Terra Nostra Garden** › S. 66 in Furnas lässt sich sehr angenehm kuren. Park und Thermalbad stehen Hotelgästen frei zur Verfügung. Im angeschlossenen Gartenhaus **Casa do Parque** nutzt ein deutscher Arzt für chinesische Medizin die Heilquellen von Furnas für eine entspannte Kur. Das ehemalige Kurhaus von Furnas wurde zum **Furnas Spa Hotel** ausgebaut › S. 66. Seine Wellnessoase verfügt über Thermalpools, Jacuzzi, Hydrogymnastikbecken und Saunalandschaft.

Durch seine wildromantische Umgebung besticht, ebenfalls auf São Miguel, das wesentlich kleinere, frei zugängliche Becken von **Caldeira Velha** › S. 71, das von einem warmen Wasserfall gespeist wird. Im etwas altmodischen Thermalkurort **Caldeiras** › S. 71 gönnen sich die Einheimischen gern ein heißes Wannenbad.

Im Süden Graciosas besitzt **Carapacho** › S. 94 eine Thermalquelle und ein wunderschönes Kurhaus. Hier bieten Wannenbäder in 40 °C warmem Heilwasser, das vor allem gegen Rheuma Wunder wirken soll, puren Genuss.

■ Thermalschwimmbecken Furnas
Tel. 296 549 090,
Mo–Sa 9.30–18.30 Uhr.
Eintritt 4 € (inkl. Park).
■ Thermalbad Caldeiras
Mo–Fr 9–12, 14–16 Uhr
(nur im Sommer). Wannenbad 2,50 €.
■ Thermalbad Carapacho
Tel. 295 712 271, tgl. 8.30–17 Uhr
(nur Mai–Sept.). Wannenbad 2 €.

FKK: Offiziell darf man in Portugal weder hüllenlos noch oben ohne baden. Einheimische sehen es auch bei Touristen nicht gern.

25

Unterkunft

Etwa 8000 Gästebetten gibt es auf den Azoren, davon etwa die Hälfte auf São Miguel. Für die kommenden Jahre ist ein Ausbau auf 16 000 geplant. Lange Zeit ein Ziel für Individualisten, machen sich die Azoren jetzt auf den Weg zur Trenddestination. Die Unterkünfte werden schicker und komfortabler. Designhotels entstehen ebenso wie romantische Landhotels in umgebauten Gutshäusern. Daneben gibt es aber nach wie vor einfachere Hotels, Pensionen und Ferienhäuser für den kleineren Geldbeutel. Die Preisangaben in diesem Buch beziehen sich in der Regel auf die Haupttreisezeit im Sommer; zu anderen Zeiten kann man oft billiger wegkommen.

Hotels und Pensionen

In Portugal werden **Hotels** mit einem bis fünf Sternen dekoriert. Auf den Azoren sind am häufigsten Häuser der Drei- und Viersternekategorie anzutreffen. Die meisten befinden sich in den jeweiligen Inselhauptstädten und werden sowohl von Touristen als auch von Geschäftsreisenden genutzt. Auf São Miguel und Terceira gibt es auch einige ausgesprochene Urlauberhotels. Komfort und Service entsprechen mitteleuropäischen Häusern der Mittelklasse. Die mit bis zu vier Sternen klassifizierten **Pensionen** *(pensões)* sind in der Regel auf einheimische Gäste zugeschnitten. Ihre Ausstattung reicht von spartanisch bis einfach. Komfortabler wird in einem **Residencial** übernachtet, einer Art gehobener Pension. Das Frühstück ist bei Hotels und Pensionen in der Regel inbegriffen.

Turismo Rural

Das recht beachtliche Angebot an ländlichen Unterkünften ist in fünf Kategorien gegliedert. Am häufigsten ist die Kategorie TR (Turismo Rural), wobei es sich um renovierte Bauernhäuser handelt. Da nicht allzu viele Zimmer zur Verfügung stehen, empfiehlt sich frühzeitige Buchung. Herrschaftliche **Quintas** (TH = Turismo de Habitação) liegen inmitten riesiger Anbauflächen und sind meist luxuriös ausgestattet. Hilfreich bei der Planung ist die Broschüre »Guia Expresso do Turismo de Habitação Açores«, die von AICEP Portugal › S. 140 verschickt wird (Online-Buchungen: www.casasacorianas.com).

Apartments und Ferienhäuser

Speziell bei den Emigranten, die häufig die Sommerferien in ihrer Heimat verbringen, erfreuen sich **Apartments** einer gewissen Beliebtheit. Apartmentanlagen gibt es vor allem auf São Miguel, sehr verbreitet sind sie aber nicht. Die Wohneinheiten sind oft für vier oder sechs Personen konzipiert und mit Kochnische ausgerüstet.

Eine in der Regel nettere Alternative stellen **Ferienwohnungen** und **Ferienhäuser** in ländlichen Gebieten dar. Auf São Miguel sind sie häufig bei Mosteiros und Ginetes anzutreffen (Vermittlung: Tel./Fax 296 917 132 oder unter Tel./Fax 296 295 348). Vermittlung auf Pico Tel. 292 622 499; auf Terceira Tel. 295 214 210.

Jugendherbergen

Auf São Miguel und Terceira liegen die beiden **Jugendherbergen** der Azoren (www.pousadasjuventude.pt):

■ São Mateus da Calheta
Porto Negrito, Tel./Fax 295 642 095. Moderner Flachbau mit Meerblick. Zimmer mit 6–10 Betten, außerdem ein Apartment für 2 Personen.

■ Ponta Delgada
Rua São Francisco Xavier, Tel. 296 629 431, Fax 296 629 672. Gediegenes altes Herrenhaus. Mehrbettzimmer für 90 Gäste, auch vier Doppelzimmer.

Camping

Auf den Azoren gibt es eine Reihe einfacher bis gut ausgestatteter, meist schön gelegener Campingplätze (Parques de Campismo). Bei AICEP › S. 140 sowie bei den Postos de Turismo vor Ort ist das Verzeichnis »Roteiro campista« erhältlich.

Die schönsten Landhaushotels

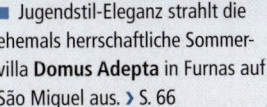

■ Jugendstil-Eleganz strahlt die ehemals herrschaftliche Sommervilla **Domus Adepta** in Furnas auf São Miguel aus. › S. 66

■ Inmitten idyllischer Landschaft steht bei Maia auf São Miguel der nostalgische Adelslandsitz **Solar de Lalém** aus dem 17. Jh. › S. 70

■ Rund um die **Quinta de Santana** in Rabo de Peixe auf São Miguel wird Obstanbau betrieben, zum Golfplatz ist es nicht weit. › S. 72

■ Die **Quinta do Martelo** auf Terceira ist ein betriebsfähiger Gutshof und Museum zugleich. Man wohnt im Stil des 19.Jh. › S. 91

■ Liebevoll wurden drei alte Bauernhäuser in Cedros auf Faial zum sehr persönlich geführten Gästehaus **Casa do Capitão** zusammengefügt. › S. 106

■ Im Designstil und zugleich die Tradition alter Weingüter bewahrend präsentiert sich die Anlage **Pocinhobay** in einer kleinen Strandbucht auf Pico. › S. 115

Land & Leute

Steckbrief][Geschichte im Überblick][
Natur und Umwelt][Kunst und Kultur][Feste
und Veranstaltungen][Essen und Trinken

Azoren

Konfession: v.a. römisch-katholisch.
Sprache: Portugiesisch.
Erwerbstätige: Landwirtschaft und Fischerei 12%, Dienstleistungen 62%, Handwerk und Industrie 26%.
Landesvorwahl: 00351
Währung: Euro
Zeitzone: MEZ minus 2 Std. (ganzjährig)

Fläche: Neun Inseln mit einer Gesamtfläche von 2333 km² (2,5% von Portugal).
Größte Insel: São Miguel mit 759 km², 131 500 Einw.
Hauptstadt: Ponta Delgada (65 000 Einw.) auf São Miguel.
Bevölkerung: ca. 242 000; ca. 103 Einw./km².

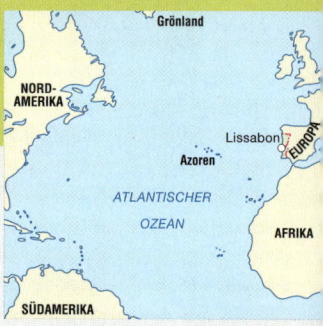

Lage

Zwischen 1500 km und 1900 km von Lissabon entfernt, liegen die Azoren auf etwa 36 bis 40° nördlicher Breite und 24 bis 31° westlicher Länge mitten im Atlantik. Die **Ostgruppe** (*grupo oriental*) bilden São Miguel und Santa Maria, die **Zentralgruppe** (*grupo central*) besteht aus Terceira, Graciosa, Faial, Pico und São Jorge. Als **Westgruppe** (*grupo ocidental*) liegen Flores und das winzige Corvo am äußersten Rand Europas. Höchste Erhebung des Archipels ist der Pico (2351 m) auf der gleichnamigen Insel.

Politik und Verwaltung

Die Azoren gehören seit ihrer Besiedelung im 15. Jh. zu Portugal.

1976, zwei Jahre nach der Nelkenrevolution in Portugal, erhielt der Archipel eine Teilautonomie mit eigenem Parlament und Regionalregierung. Äußeres Zeichen dafür, dass jede Insel an der politischen Macht teilhaben möchte, sind die dezentral untergebrachten staatlichen Behörden. Ponta Delgada auf São Miguel ist Sitz des Präsidenten. Von sieben Ministerien sitzen zwei auf São Miguel, drei auf Terceira und zwei auf Faial. Die 51 Parlamentarier treten fünfmal jährlich auf Faial zusammen.

Die Menschen

Die knappe Viertelmillion Azorianer, die sich auf den Archipel verteilt, fühlt sich erst in zweiter Linie als Bürger des Mutterlandes Portugal. Der *continente*, also Festlandportugal, bildet eher einen Gegensatz zu den Inseln. Das Zusammenleben gestaltet sich übersichtlich; Familie und Freunde stehen im Mittelpunkt. Viele Menschen haben die Azoren noch nie verlassen, und wenn, dann fliegen sie oft nicht nach Portugal, sondern nach Nordamerika.

Knapp über eine Million Azorianer leben im Ausland. Auswanderer gingen im 17. Jh. nach Brasilien; später v.a. in die USA und nach Kanada, wohin durch Walfang und transatlantischen Schiffsverkehr enge Verbindungen geknüpft worden waren. Nordamerika wurde geradezu zum zehnten Azoreneiland. Wie sehr die Auslands-Azorianer mit dem Archipel verbunden sind, zeigt sich auf den vielen Festen, zu denen sie aus weit entfernten Ländern anreisen.

Wirtschaft

Nach wie vor kämpfen die Azoren gegen die Auswirkungen der geografischen Randlage und gegen überkommene gesellschaftliche Strukturen. Die seit den 1990er-Jahren reichlich geflossenen EU-Fördermittel haben die Inselgruppe nun aber vom Status des »Armenhauses in Europa« befreit. Vorübergehend kam sogar die Auswanderung zum Stillstand, die zuvor immense Ausmaße hatte. Seit 2003 ist die Arbeitslosigkeit indes wieder auf Werte über 4% angestiegen. Die Inseln warten auf Investoren, die die Entwicklung unabhängig von öffentlichen Subventionen voranbringen. Arbeiteten 1970 noch 50% der Beschäftigten in Landwirtschaft und Fischerei, so sind es heute nur noch rund 12%. Das Stück Land, das fast jede Familie besitzt, trägt aber nach wie vor zum Lebensunterhalt bei. Weit über die Selbstversorgung hinaus geht die Fleischproduktion auf den größeren Höfen. Rund 25% der 200 000 Rinder werden jährlich als Schlachtvieh auf das Festland exportiert. São Miguel und Terceira liefern mit 60% den Hauptanteil. Auch Molkereiprodukte, vor allem Käse, haben große Bedeutung. Dank der EU-Fördermaßnahmen hat sich die Situation der Fischerei wieder verbessert. Auf mehreren Inseln werden Fischkonserven produziert, Hauptabnehmer ist Italien.

Weiter ausgebaut wird der Tourismus. Heute gibt es mehr als 8000 Gästebetten auf den Azoren; weitere Hotels sind im Bau. Unter den ausländischen Touristen stellen die Deutschen mit rund 15 000 pro Jahr die größte Gruppe, dicht gefolgt von Schweden, Dänen und Norwegern. Extrem belastet wird die Handelsbilanz der Azoren durch den Import von Öl, Benzin und Kohle. Daher wird der Bau geothermischer Kraftwerke vorangetrieben, deren Anteil an der Stromversorgung des Archipels bei ca. 11 % liegt.

Geschichte im Überblick

351 Auf einer genuesischen Seekarte ist erstmalig der Azoren-Archipel eingezeichnet.

1416–1460 Prinz Heinrich der Seefahrer treibt als Verwalter des Christusritterordens die portugiesischen Entdeckungsfahrten voran.

1432 Offizielle Entdeckung von Santa Maria und São Miguel durch Gonçalo Velho Cabral oder Diogo de Silves.

Um 1450 werden wahrscheinlich die Zentralinseln entdeckt, um 1452 Flores und Corvo.

1493 Kolumbus ankert auf dem Rückweg seiner ersten Atlantikfahrt vor Santa Maria.

1495–1521 König Manuel I. führt Portugal ins »Goldene Zeitalter«. Die Azoren werden Stützpunkt für weitere Entdeckungsfahrten.

1522 Ein schweres Erdbeben zerstört São Miguels erste Hauptstadt Vila Franca do Campo.

1580–1640 Spanische Fremdherrschaft in Portugal, nachdem das Land ohne Thronfolger war.

1581 schlägt Terceira spanische Truppen in die Flucht, wird jedoch 1583 als letzte der Inseln von Spanien erobert.

1640 Festlandportugal wird wieder unabhängig. Zwei Jahre später verlieren die Spanier auch die Azoren.

1766 Der Marquês de Pombal, der die Staatsgeschäfte in Lissabon führt, schafft die feudale Lehensherrschaft auf den Azoren ab und setzt eine für alle Inseln zuständige Regierung in Angra auf Terceira ein.

Ab 1804 große Gewinne durch den Export von Orangen, Tabak, Ananas und Tee.

Ab 1826 Streit um die Thronfolge in Portugal zwischen Pedro IV. und Miguel I.

1828 König Miguel I. regiert in Lissabon absolutistisch. Anhänger von Pedro IV. bilden auf Terceira eine liberale Regierung. 1832 rekrutiert Pedro ein Söldnerheer, stürzt Miguel und dankt 1834 zugunsten seiner Tochter Maria II. ab.

Ab 1893 Faial wird internationaler Knotenpunkt der Transatlantikkabel.

1916 Eintritt Portugals in den Ersten Weltkrieg auf Seiten der Alliierten.

1932–1974 Diktatorisches Regime (Estado Novo) von António de Oliveira Salazar (bis 1969) und seinem Nachfolger Caetano.

1939–1945 Im Zweiten Weltkrieg bleibt Portugal neutral. Die Alliierten errichten ab 1943 Stützpunkte auf den Azoren.

1949 Portugal wird NATO-Mitglied.

1957/58 Vulkanausbruch auf Faial (❯ S. 108).

1966 Die letzte Kabelgesellschaft in Horta schließt.

25. April 1974 Die Nelkenrevolution beendet in Portugal die Diktatur.

1976 Die Azoren erhalten die innenpolitische und administrative Autonomie.

1980 Durch ein Erdbeben wird Angra do Heroísmo völlig zerstört.

1983 Der Pottwalfang für industrielle Zwecke wird eingestellt.

1986 EG-Beitritt Portugals.

1998 Ein schweres Erdbeben erschüttert Faial.

2003 Auf Terceira Krisengipfel der Regierungschefs Bush, Blair und Aznar im Vorfeld des Irakkriegs.

2004 Die UNESCO stellt die typische Weinbaukultur von Pico als Welterbe unter besonderen Schutz. Zuvor hatte bereits Angra do Heroísmo die gleiche Auszeichnung erhalten.

2007 Die Inseln Graciosa und Corvo werden von der UNESCO zu Biosphärenreservaten deklariert.

2008 Mit der Eröffnung eines Hotel-Casinos und eines Spa-Hotels auf São Miguel sollen sich die Azoren zur Trenddestination entwickeln.

Natur und Umwelt

Ihre Entstehung und Dynamik verdanken die Azoren dem Mittelatlantischen Rücken. Seit einigen Millionen Jahren driften an dieser Nahtstelle, die den Atlantik von Nord nach Süd durchzieht, die amerikanische auf der einen, die eurasische und die afrikanische Platte auf der anderen Seite auseinander. Ständig quillt hier flüssiges Gestein empor, das eine untermeerische Gebirgskette entstehen ließ. Nur deren höchste Gipfel ragen über den Meeresspiegel hinaus und bilden die für uns sichtbaren Inseln. Besucher bekommen die Zeugnisse des Vulkanismus heute relativ gefahrlos zu sehen: An manchen Stellen steigen Fumarolen – schwefelhaltige Dämpfe – aus dem Boden, Quellen führen heißes Wasser und kleine Schlammvulkane sprudeln. Jede der Inseln kann mit *caldeiras* (port.: Kessel) aufwarten, bis zu mehrere Kilometer breite Einsturzkrater über einst mit heißem Magma gefüllten, jetzt leeren Hohlräumen im Erdinneren. In den Kraterböden sammelt sich das Regenwasser und bildete stille *lagoas* (Seen).

Oberhalb 400 m wächst die »uva-da-serra«, der Heidelbeerbaum

Wale – live und hautnah

Insgesamt 24 Wal- und Delfin-arten wurden in den Gewässern der Azoren gezählt. Der Walfang endete 1987; heute erfreut sich die Walbeobachtung rund um den Archipel großer Beliebtheit. Neben dem häufigen Pottwal kann man vor allem den Falschen Schwertwal, den Atlantischen Fleckendelfin und den Rundkopf-delfin (Delfin de Risso) sichten, aber auch Blau-, Finn- und Buckelwale.

Whalewatching-Touren

■ **Espaço Talassa**
Lajes do Pico, Tel. 292 672 010,
www.espacotalassa.com.
■ **Peter Café Sport**
Horta (Faial), Tel. 292 292 327,
Buchung über Base Peter Zee.
■ **Futurismo**
Ponta Delgada (São Miguel),
Tel. 296 628 522,
www.azoreswhales.com.

Den Riesensäugern auf der Spur

Bei der Suche nach Walschulen verlassen sich die Whalewatching-Anbieter auf ehemalige Walfän-ger, die mit Ferngläsern auf der Lauer sitzen und per Funk Anzahl und Standort der gesichteten Tiere melden. Zu diesem Zweck wurden auf Pico, Faial und São Miguel die alten **Vigias** (Beobach-tungstürme) reaktiviert. Veran-stalter garantieren Erfolgsraten von nahezu 100 Prozent.

Die Boote dürfen sich den Wa-len nur begrenzte Zeit und höchs-tens bis auf 50 Meter Entfernung nähern. Wissenschaftliche Studi-en ergaben, dass sich die Wale nicht nennenswert gestört fühlen, wenn auf diese Weise Abstand ge-halten wird.

Auf Pico ist die Vigia an der Ponta da Queimada von Mai bis Oktober zu besichtigen (etwa 1 km außerhalb von Lajes an der Straße nach Calheta, ❯ S. 119).

Tipps für die Bootsfahrt

Regelmäßige Ausfahrten finden von April bis Oktober statt. Im Hochsommer empfiehlt sich die frühzeitige Buchung, während man in der Nebensaison nach Mitstreitern suchen muss, denn vier Teilnehmer sollten für eine Tour mindestens zusammenkommen. Die Kosten liegen bei 50 € pro Person.

Einige Anbieter setzen kleine Hartbodenschlauchboote mit leisem Motor ein, in denen man schon mal ein paar Wasserspritzer abbekommt. Im Hochsommer genügen Badekleidung und T-Shirt, in der Übergangszeiten schützen Anorak und Jogginghose vor zu starker Abkühlung. Seefestigkeit ist von Vorteil, denn je nach Wetterlage wird man ganz schön durchgeschaukelt (Tabletten gegen Seekrankheit besser schon zu Hause besorgen!).

🈲 Auf den Azoren werden immer noch Andenken aus Zähnen und Knochen des Pottwals angeboten. Die Einfuhr in EU-Länder ist verboten!

Kunsthandwerk aus alternativen Materialien (Holz, Stein, »pflanzliches Elfenbein« aus den Samen der Tagua- oder Steinnuss) gibt es in den Läden von BOCA (Espaço Talassa):

■ **Lajes do Pico:**
Caminho de Baixo 17

■ **Horta:**
nahe Jachthafen in der Avenida 25 de Abril

■ **Ponta Delgada:**
Rua Eng. José Cordeiro 89

Schwimmen mit Delfinen

Delfine sind manchmal auch im Meer so zutraulich, dass sie sich Booten nähern und Menschen mit ihnen schwimmen können. Wer dies tun möchte, sollte über eine gute Kondition verfügen. Der Einsatz von Tauchgerät ist verboten, aber mit Schnorchel und Brille ausgestattet, bekommt man unter Wasser Sichtkontakt. Der Skipper des Bootes entscheidet, ob die Delfine in Spiellaune sind.

Für Familien werden auf Pico im Sommer Delfincamps veranstaltet. Die Kinder haben Spaß und erfahren viel über die sympathischen Meeressäuger.

Buch-Tipp zur Vorbereitung
■ Fabian Ritter: **Wale erforschen.** Outdoor Handbuch. Conrad Stein, Kiel 2004.
■ Rüdiger Wandrey: **Wale und Delphine.** Kosmos, Stuttgart 2006.
■ Mark Carwardine: **Wale und Delfine in europäischen Gewässern.** Delius Klasing, Bielefeld 2003.

Delphin-Touren

■ www.espacotalassa.com.
Im Paket mit Übernachtungen ab ca. 500 €.
■ www.whales-dolphins.net.
Pico Sport, unter deutscher Leitung.
■ Delfincamps und Walbeobachtungswochen bei www.the-dolphin-experience.de, www.dolphin tours.de, www.awo-strausberg.de.

Die Flora

Die abgeschiedene Lage der Azoren ist der Grund für die Existenz von allein 56 Pflanzenarten, die nirgendwo sonst auf der Welt anzutreffen sind (sogenannte Endemiten). Die hohe Feuchtigkeit lässt erstaunliche 425 Moosarten gedeihen, und auch Farne sind reichlich vertreten.

Oberhalb von 400 m über dem Meer sind vor allem Terceira und Pico sowie Teile von São Miguel noch von einer dichten Decke aus niedrigen Lorbeerbäumen, Wacholdersträuchern, Azoren-Baumheide und Heidelbeerbäumen überzogen – dem natürlichen Wald, der auf anderen Inseln von Mauern oder Hortensienhecken eingefriedeten Weideflächen umgeben sind, oder, speziell auf São Miguel, Forsten aus Japanischer Sicheltanne weichen musste. In der tieferen Vegetationszone, bis auf Meereshöhe hinunter, gedeihen von Natur aus der Gagelbaum mit kurzen, quirlförmig um die Zweige angeordneten Blättern und die Azoren-Picconie. Letztere, ein strauchförmiger Baum, trägt im Herbst olivenähnliche, allerdings ungenießbare Früchte. Sie gilt auf einigen Azoreninseln als ausgerottet. Zum Verhängnis wurde ihr das wertvolle Holz (port. *pau branco* = Weißholz), aus dem Möbel gezimmert wurden. Größere Bestände stehen noch in den Küstenebenen von Pico.

Andernorts hat oft der aus Australien stammende Klebsame, erkennbar an den gewellten Blättern und orangefarbenen Kugelfrüchten, die einheimischen Baumarten verdrängt. Einst war er als Windschutz für Orangenplantagen eingeführt worden.

Auf Felsen in der salzigen Luft in unmittelbarer Meeresnähe fühlen sich das endemische Schwingelgras *Festuca petraea*, der Meeres-Strichfarn sowie der früher als Mittel gegen Skorbut auf Segelschiffen mitgeführte Meerfenchel wohl.

Zeugen des Vulkanismus

- Kochend heiße Quelltöpfe, die **Caldeiras**, zeigen in Furnas auf São Miguel vulkanische Aktivität. › S. 65
- Im Zentrum der Insel Terceira dringen aus den **Furnas do Enxofre** (»Schwefelgrotten«) heiße, beißend riechende Dämpfe. › S. 86
- Den **Algar do Carvão**, einen 100 m tiefen, dunklen Schlund auf Terceira, aus dem einst Lava floss, erschließt ein Treppensteig für Besucher. › S. 86
- Auf Graciosa gibt es Fumarolen, kochende Quellen und einen unterirdischen See in der **Furna do Enxofre**. › S. 94
- Bei der jüngsten Eruption auf den Azoren entstand der **Vulcão dos Capelinhos** auf Faial. › S. 108
- Abenteuerlich gestaltet sich die Besichtigung der **Gruta das Torres** auf Pico, des längsten und höchsten Lavatunnels auf portugiesischem Boden. › S. 114
- Portugals höchster Berg und einer der imposantesten im Atlantik ist der Vulkan **Pico**, der einer ganzen Insel den Namen gab. › S. 118

Exotische Importe

Viele der heute auf den Azoren heimischen Pflanzen kamen erst mit dem Menschen auf die Inseln. Eine reizvolle Pflanze, die im 19. Jh. aus dem Himalaya eingeführt wurde, ist heute überall verwildert und dadurch aus Sicht der Botaniker zur Plage geworden: die Girlandenblume (auch Zier-Ingwer). Ihre orangegelben Blüten stehen in hohen Rispen im September überall an Straßenrändern und auf Lichtungen. Auch andere Zierpflanzen aus aller Welt verwilderten oder wurden an Straßenrändern, an Aussichtspunkten und Picknickplätzen gepflanzt. So bestimmt die Blütenpracht von Hortensien, Azaleen, Hibiskus, Rosen und Kamelien das Landschaftbild der Azoren weit mehr als die unscheinbaren Farben der einheimischen Arten.

Tiere

Die Tierwelt auf den Inseln präsentiert sich eher bescheiden. Von Natur aus konnten nur flugfähige Tiere auf die Inseln gelangen, also Fledermäuse, Vögel und Insekten. Haustiere führte der Mensch ein. Ratten, Mäuse, Igel und Eidechsen kamen als blinde Passagiere per Schiff. Interessant ist vor allem die Vogelwelt. Birdwatching heißt ein relativ neues Angebot für Touristen, z.B. auf Pico. Nach *açores*, Habichten, die den Azoren ihren Namen gaben, sucht man allerdings vergeblich. Die portugiesischen Entdecker des 15. Jhs. hatten sie mit Bussarden verwechselt. Daneben sind etwa 30 Landvogelarten auf den Inseln verbreitet. Star, Rotkehlchen, Buchfink oder Mönchsgrasmücke unterscheiden sich von ihren kontinentalen Verwandten meist durch eine etwas andere Färbung. Ein unauffälliger grauer Vogel zählt zu den ornithologischen Raritäten: *Priôlo* (Domherr) nennen die Einheimischen den Azorengimpel von der Größe eines Spatzes wegen seiner schwarzen Kopfkappe.

Highlights der Botanik

■ Zum **Museu Agrícola** auf São Miguel gehört ein Botanischer Garten, der zahlreiche natürlich auf den Inseln vorkommende Pflanzenarten zeigt, aber auch Kulturpflanzen, die in der Geschichte der Region eine Rolle gespielt haben. › S. 64

■ Auf São Miguel steht das Gebiet um die **Caldeira Velha**, einem natürlichen Badebecken mit Thermalwasser, als Naturdenkmal unter Schutz. › S. 71

■ Der **Jardim Botânico** auf Faial versammelt alle endemischen Pflanzen der Azoren. › S. 105

■ In Madalena auf Pico stehen ehrwürdige **Dragoeiros**, Drachenbäume, die früher einen begehrten Naturfarbstoff lieferten. An ihren natürlichen Standorten, steilen Felswänden, sind sie sehr selten geworden › S. 114

■ Die strauchgroße, endemische **Styx-Wolfsmilch** muss man suchen, denn ihr Lebensraum, der natürliche Lorbeerwald, ist gefährdet. Im Hochland von Pico wächst sie an der Straße zur Lagoa do Caiado › S. 122

37

Als Dompfaff kennt man sein mitteleuropäisches Pendant. Etwa 300 Exemplare leben noch im Osten von São Miguel. Ob der Azorengimpel vor dem Aussterben bewahrt bleibt, hängt vom Erhalt seiner Nahrungspflanzen wie der endemischen Heidelbeere (> S. 36) ab. Am Meer schwirren scharenweise die Rosenseeschwalben (*cagarra*); unverkennbar sind ihre charakteristischen Schreie. Nach Schätzungen von Ornithologen brüten 60% des europäischen Bestandes dieser Vogelart auf den Küstenfelsen der Azoren-Ostgruppe.

Kunst und Kultur

Abgeschieden von den künstlerischen Entwicklungen auf dem Festland, waren die Azoren lange Zeit auf Kulturimporte angewiesen. Zeitgenössische Strömungen wurden nur zaghaft und mit Verzögerung aufgenommen. Der vermeintliche Nachteil der Isolierung erwies sich aber auch als Vorteil, denn der Archipel brachte besonders in der Musik eigenständige und einzigartige Stilformen hervor.

Architektur

Die Bauweise ordnete sich in der Vergangenheit stets dem Inselcharakter unter, auch wenn Stilelemente der Gotik, Renaissance oder des Barock Verwendung fanden. Letzterer übte mit seinem Formenreichtum und den üppigen Verzierungen den größten Einfluss aus. Oft herrscht allerdings ein bunter Stilmix vor. Wegen möglicher Piratenüberfälle errichteten die ersten Siedler trutzige gotische Wehrkirchen mit gedrungenen Spitzbögen wie in São Sebastião (Terceira). Um das Jahr 1500 wurde eine Bauweise üblich, die Emanuelstil oder manuelinischer Stil genannt wird. Sie spiegelt die Zeit der großen Entdeckungen unter dem portugiesischen König Manuel I. wider. Exotische Ornamente versinnbildlichen die Bedeutung der Seefahrt in ferne Länder. Sie umrahmen Portale an den Hauptkirchen von Ponta Delgada und Praia da Vitória (Terceira).

Bunte Streifen umrahmen Türen und Fenster der Bauernhäuser

Die typisch portugiesische Fliesenkunst findet man auch auf den Azoren

Angra do Heroísmo wurde mit rasterförmigen Straßenzügen im Renaissance- und Barockstil erbaut. Heute ist die Stadt UNESCO-Weltkulturerbe. Typisch für den recht eigenstänidgen Azorenbarock ist eine streng symmetrische Bauweise, bei der Fenster- und Türrahmen aus dunklem Basalt mit weißen Wänden kontrastieren. Vielen Kirchen gemeinsam ist die barocke *talha dourada*. Solche aus Holz geschnitzte und vergoldete Altarrückwände sind üppig verziert. Bemalte *azulejos* (Fliesen) erzählen Geschichten aus dem Leben des jeweiligen Ortsheiligen. Auf den Zentralinseln bereichern die einzigartigen Heiliggeisttempel › S. 87 die ländliche Idylle um bunte Tupfer.

Im 19. Jh. kam mit dem wirtschaftlichen Erfolg die *Arquitectura da Laranja* (Orangen-Architektur). Bauherren von Bürgerhäusern und Landsitzen verschrieben sich einem offenen Stil mit großen Fenstern; Helligkeit sollte die Räume durchfluten. Ein Beispiel dafür ist das (heutige) Hotel São Pedro in Ponta Delgada.

Unterdessen änderte sich die Bauweise in den Dörfern kaum. Die vielfach zweistöckigen, weißen Häuser erhalten ihre heitere Note durch rote Dächer und weithin in Blau oder Grün leuchtende Farbleisten an Ecken und Mauerumrandungen. Auf Terceira fallen die Zwillingsschornsteine auf, die *mãos postas* (gefaltete Hände). Häuser mit Natursteinmauern sind auf Pico üblich.

Bildende Kunst

Zu den Meisterwerken religiöser Malerei auf den Azoren zählen die Anfang des 16. Jhs. entstandenen fünf Szenen des Passionszyklus in der Matriz de Santa Cruz da Graciosa. Sie stammen vermutlich von

Kunsthandwerkerin auf Pico beim Fertigen von Blumengestecken

Cristóvão de Figueiredo, der Hofmaler im Dienst König Manuels I. war. Aus Flandern kamen im 15./16. Jh. zahlreiche flämische Skulpturen von hoher Qualität auf die Azoren. Sie sind in der Sé in Angra do Heroísmo, im Museu da Horta und im Museu Carlos Machado (Ponta Delgada) zu bewundern. Letzteres gibt auch einen umfassenden Überblick über das jüngere Kunstschaffen auf den Inseln.

Vorbild für viele Nachwuchskünstler wurde Duarte Machado Faria e Maia (1867–1922). Der naturalistische Maler verstand es, die Landschaft der Inseln mit einfühlsamen Porträts zu verknüpfen. In seiner Tradition malte Domingos Maria Xavier Rebelo (1891–1971), der mit seinen Bildern zu volkstümlichen Themen auch auf dem portugiesischen Festland Beachtung fand. Sein Gemälde »Os Emigrantes« (»Die Auswanderer«; im Museu Carlos Machado) zeigt die Gefühle der Menschen während der Verabschiedung und des Wartens auf die Abfahrt eines Schiffes.

Musik

Die Volksmusik entwickelte auf jeder Azoreninsel eine eigene Dynamik. Zahlreiche Folkloregruppen erhalten Melodien und Texte lebendig. Der *samacaio* auf Terceira mündet vielfach in einen ironischen Sängerkrieg, begleitet von Gitarren, Trommeln und Triangeln. Die auf Pico gepflegte, mitreißende *chamarrita* ist dem Fandango, einem spanischen Volkstanz mit Kastagnetten- und Gitarrenbegleitung, ähnlich. Ein auf allen Inseln bekannter Tanz ist die *sapateia*. Zur Melodie im Dreivierteltakt berichten die Texte aus dem Alltag der Azorianer. »Reiherschritt«, »Basilienkraut« oder »Stecknadel« heißen diese Lieder.

Kunsthandwerk

Bekannt für das Töpferhandwerk ist São Miguel. Während in Vila Franca do Campo derbe Gebrauchskeramik entsteht, bestechen die Arbeiten aus Lagoa durch eine weiße Glasur mit blauen Ornamenten. Angra do Heroísmo (Terceira) ist berühmt für Stickereien, die aus nostalgischen Manufakturen kommen. In Santo Amaro (Pico) setzen Kunsthandwerker aus Fischschuppen oder hauchdünnen Scheiben von Hortensien- und Feigenbaummark filigrane Blüten und Blumengestecke zusammen. Wollene *colchas de ponto alto*, Wandteppiche und Tagesdecken, werden auf São Jorge noch vereinzelt auf Holzwebstühlen gefertigt. An die blutige Zeit des Walfangs erinnern die Scrimshaws. In die elfenbeinähnlichen Zähne des Pottwals wurden haarfeine Rillen geritzt und mit Tinte eingerieben. So entstanden die Bilder getakelter Segelschiffe, schöner Frauen und wilden Meeresgetiers. Außergewöhnliche Beispiele sind im Scrimshaw Museum in Horta sowie im Museu dos Baleeiros in Lajes do Pico zu bewundern. Die Beendigung des kommerziellen Walfangs auf den Azoren 1983 ließ den Rohstoff rar werden. So wurden 1987 nochmals drei Pottwale erlegt, nur um die lukrative Souvenirproduktion aufrechtzuerhalten. 2004 sollen die Zähne eines gestrandeten und verendeten Pottwals verschwunden sein.

Tierschützer raten, grundsätzlich keine Souvenirs aus Pottwalzähnen oder -knochen zu kaufen. Die Einfuhr in EU-Länder ist übrigens verboten! Eine Ausnahme stellen lediglich Scrimshaws dar, die nachweislich vor 1947 hergestellt wurden und damit als Antiquitäten gelten. Alternativen zu den Walzahnprodukten sind die auf Pico und Faial angebotenen Holzmodelle von Booten der Walfänger. Mit dem Walfang verbundenes, unbedenkliches Kunsthandwerk gibt es außerdem aus Stein sowie aus bestimmten Palmenfrüchten (»pflanzliches Elfenbein«).

Die schönsten Adressen für Kunsthandwerk

■ Eine urige Keramikfabrik ist die **Fábrica Cerâmica Viera** in Lagoa auf São Miguel. › S. 63

■ In einer ehemaligen Wassermühle in Povoação auf São Miguel logiert das **Museu do Trigo** (Weizenmuseum), wo man auch handgefertigte Souvenirs erstehen kann. › S. 68

■ Stickerei von Terceira zu Erzeugerpreisen gibt es bei **Açorbordados** in Angra do Heroísmo. › S. 84

■ Häkelarbeiten und Stickereien aus São Mateus auf Pico sind nostalgische Mitbringsel, nett präsentiert bei **PicoArtes**. › S. 118

■ In Santo Amaro auf Pico widmen sich die Frauen des Ortes verschiedenen Formen des Kunsthandwerks im **Núcleo Museulógico da Escola Profissional de Artesanato.** › S. 121

■ In der **Casa de Artesanato** in Fajã dos Vimes auf São Jorge gibt es sie noch: Traditionelle Webarbeiten aus Wolle. › S. 130

Feste und Veranstaltungen

Jede Insel und jedes Dorf feiern eigene Schutzheilige, deren Feste meist in die Sommermonate verlegt werden. Dazu kommen die zahlreichen **Festas do Espírito Santo** (Heiliggeistfeste) zwischen April und September, die jeweils in der Krönung eines Bauernkaisers (*imperador*) gipfeln. Die *sopa do Espírito Santo* (Heiliggeistsuppe) wird in riesigen Töpfen zubereitet und beim *Cortejo do Bodo,* dem »Umzug zur Armenspeisung«, zusammen mit zuvor in der Kirche gesegnetem Maisbrot verteilt. In Terceira schließen sich die Tage der *touradas à corda* an › S. 81. So kann man in der Hauptreisezeit praktisch jedes Wochenende ein Dorffest erleben. Termine nennen die Tourismusbüros.

Festkalender

1. Sonntag nach Ostern: Ein Blumenteppich überzieht die Straßen in Furnas (São Miguel) bei der **Festa do Senhor dos Enfermos**, die den Kranken und Hilfsbedürftigen gewidmet ist.

Mitte April: In Velas (São Jorge) findet eine Woche lang die **Semana Cultural** statt, mit traditioneller, aber auch moderner Musik von den Azoren, Kunst- und Umweltausstellungen, Workshops, Kino.

Ende April: Beim **Peter Café Sport Triathlon** (www.petercafesport.com) surfen die Teilnehmer von Velas (São Jorge) nach Cais do Pico, mountainbiken dann durch das Bergland von Pico und überwinden schließlich die Meerenge nach Horta (Faial) per Seekajak.

Fünf Wochen nach Ostern: In Ponta Delgada (São Miguel) wird sechs Tage lang die **Festa do Senhor Santo Cristo dos Milagres** gefeiert. Die Einwohner von Vila Franca do Campo (São Miguel)

ziehen in mittelalterlichen Gewändern in einer Prozession durch die Stadt.

24. Juni: Auf Terceira werden die **Sanjoaninas** (Johannisfest) jährlich wechselnd in Angra oder in Praia da Vitória mit Kulturprogramm und Trachtenumzügen begangen.

29. Juni: Umzüge mit geschmückten Pferden bei den **Cavalhadas de São Pedro** in Ribeira Seca und Ribeira Grande (São Miguel) › S. 70.

Mitte Juli: In Calheta (São Jorge) unterhält das **Festival do Julho** mit viel Musik, Ausstellungen, Sportveranstaltungen und Kinderprogramm. Zum Abschluss gibt es ein Stiertreiben.

2. Wochenende im August: Horta (Faial) veranstaltet die **Semana do Mar**: Kunsthandwerk, Musik und Kulinarisches, Wasserspiele und eine Segelregatta zwischen Horta und Pico.

Zweite Augusthälfte: Am Strand von Praia (Santa Maria) tobt vier Tage lang das **Festival Maré de**

Agosto (www.maredeagosto.com), ein Musikfestival mit internationaler Beteiligung.

Letzte Augustwoche: Eine Woche lang steht Lajes do Pico mit der **Festa dos Baleeiros** in der Tradition der Walfänger. Das Fest wird seit 1883 gefeiert. Heute mit Festzelten, in denen reichlich gegessen und getrunken wird, und viel Musik.

1. Sonntag im September: Die lebhafte **Romaria de Santo Cristo**, eine Wallfahrt nach Fajã do Santo Cristo (São Jorge), ist auf den Azoren einmalig, schon wegen des überwältigenden landschaftlichen Ambientes. Bunt geschmückte Bögen, viel Musik und ein Feuerwerk gehören dazu.

25. Dezember: Das Weihnachtsfest wird im Familienkreis gefeiert, das öffentliche Leben auf den Azoren steht an diesem Tag praktisch still.

Essen und Trinken

Vorspeisen und Suppen

Eine ländlich einfache Küche portugiesischer Tradition kennzeichnet die Azoren. Zum Auftakt des *almoço* (Mittagessen, 13–14 Uhr) oder *jantar* (Abendessen, ab 19.30 Uhr) gibt es häufig Käse, Brot und Butter. In einer *marisqueira* (Fischrestaurant) folgen oft hauchdünne Scheiben von geräuchertem Schwertfisch *(espardarte fumado)* als Vorspeise *(entrada)*. Auf den Genuss der Napfschnecke *(lapa)* sollte man verzichten, da ihre Bestände gefährdet sind.

Köstliche maritime Suppen sind *creme de mariscos* (Meeresfrüchtecreme), *sopa de peixe* (Fischsuppe) und – dieser ähnlich, aber ein sättigender Eintopf – die *caldeirada de peixe*. Rustikaleren Suppen, die meist auf Kartoffeln basieren, geben die Einlagen ihren Pfiff und Namen: *agrião* (Brunnenkresse), *legumes* (Hülsenfrüchte) oder *hortaliça* (Gemüse). »Suppenkönigin« ist die nur zum Heiliggeistfest servierte *sopa do Espírito Santo*, für die Brot, Kohl und die Bratensoße der *alcatra* (s.u.), dazu Minze, Nelken, Lorbeer und Pfefferschoten in den Topf kommen.

Fisch oder Fleisch?

Das Hauptgericht (*prato principal*) besteht eigentlich immer aus Fisch oder Fleisch mit Beilagen (Kartoffeln oder Pommes Frites, gekochtes Gemüse oder gemischter Salat). Den ansonsten in der portugiesischen Küche allgegenwärtigen *bacalhau*, gesalzenen und luftgetrockneten Kabeljau, gibt es auf den Azoren zwar auch. Meistens kommt allerdings frisch gefangener Fisch auf den Tisch, allen voran *abrótea* (Gabeldorsch), der in der Regel als Filet zubereitet wird, sowie verschiedene (teurere) Edelfische vom Grill. Tunfisch (*atum*), den die Azorianer allerdings meist eindosen, ist auch als Steak eine Delikatesse. Liegen Hummer, Languste, Seespinne oder Taschenkrebs auf dem Teller, steht im Restaurant im Idealfall ein hilfreicher Azorianer zur Seite und zaubert das Fleisch aus der Chitinverpackung. Einfacher lassen sich Krake und Tintenfisch essen, die auch in Wein geschmort *(guisado)* werden. Bekanntestes Fleischgericht der Azoren ist die vor allem auf Terceira verbreitete *alcatra:* in einer Kasserole mit Knoblauch, Lorbeer, *malagueta* (Pfefferschoten) und Olivenöl geschmortes Rindfleisch. Bei der deftigen Spezialität *morcela com ananás* verbinden sich Blutwurst und frische Ananas zu einer aromatischen Einheit. Auch *linguiça com inhames* (Schweinswurst mit Tarowurzel) sollte man nicht verpassen. Vegetarier haben es auf den Azoren nach wie vor schwer und müssen sich oft mit einem Omelett (auch dieses wird mit Beilagen serviert) begnügen. Die besseren Hotels servieren auf Nachfrage vegetarische Gerichte. Häufig kann man auch eine vegetarische Pizza bestellen.

Atlantische Vielfalt

atum	Tunfisch
besugo	Meerbrasse
camarão	Krabbe
cherne	Wrackbarsch
choco	kleiner Krake
congro	Meeraal
dourada	Goldbrasse
espardarte	Schwertfisch
gamba	Garnele
goraz	Rotbrasse
imperador	Kaiserbarsch
lagosta	Languste
lapa	Napfschnecke
lavagante	Hummer
linguado	Seezunge
lula	Tintenfisch
pargo	Sackbrasse
peixe-espada	Degenfisch
pescada	Seehecht
polvo	Krake
rabilo	Roter Tunfisch
raia	Rochen
sapateira	Taschenkrebs
sargo	Ringelbrasse
serra	Sägefisch
tamboril	Seeteufel
tubarão	Hai
voador	Langflossentunfisch

Nachspeisen und Kuchen

Süßigkeiten, die fast nur aus Zucker, Butter, Eiern und Zimt bestehen, füllen die Dessertbuffets der Hotels und die Auslagen der Konditoreien. Auf Terceira soll es 200 verschiedene Süßspeisen geben. Die bekanntesten kleinen Kuchen sind die *queijadas* aus Graciosa und Vila Franca › S. 47.

Wein und andere Getränke

Hochwertige Rot- und Weißweine kommen von Graciosa (*Terra do Conde*). Auf Pico gefallen der rote *Basalto* und der weiße *Terras de Lava* durch ihre Leichtigkeit. Hier und da wird auf Pico und Terceira noch ein schwerer Süßwein aus der Verdelho-Traube gewonnen. Der verbreitete, fruchtige *Vinho de cheiro* sollte in Maßen genossen werden. Hochprozentiges wird auf Pico destilliert: *aguardente* (Klarer) und *bagaço* (Tresterschnaps); von Graciosa stammt der *aguardente velha* (»Alter Schnaps«). Bei Bier besteht die Wahl zwischen *Especial* (auf São Miguel gebraut) und den bekannten Marken *Sagres* und *Super Bock* vom portugiesischen Festland. Wer *cerveja* (Bier) bestellt, erhält meist ein Flaschenbier. Vom Fass heißt das kleine Bier (0,2 l) *fino*, das große (0,4 l) *caneca*. An alkoholfreien Getränken gibt es die übliche internationale Auswahl sowie recht süße einheimische Limonaden. Oft ist auch *zumo de laranja natural* (frisch gepresster Orangensaft) erhältlich. Zum Essen bestellen die Azorianer außer Wein meist *água sem gas* (Wasser ohne Kohlensäure). *Água com gas* (mit Kohlensäure) wird eher zwischendurch getrunken. Eine Wissenschaft für sich ist die Kaffeekunde. Am wichtigsten ist die *bica*, ein Espresso, der meist automatisch auf Tisch oder Theke kommt, wenn *café* bestellt wird. Er ist zum Abschluss des Mittag- und Abendessens üblich. Zum Frühstück oder irgendwann im Verlauf des Tages trinken die Einheimischen gern *galão,* einen in einem hohen Glas mit viel Milch aufgefüllten Espresso.

Die besten Fischrestaurants

■ Das **Borda d'Água** in Lagoa genießt auf São Miguel den besten Ruf für frische Meeresküche. › S. 63

■ Auf Santa Maria kommt man im Sommer nicht am **Praia Formosa** in Praia vorbei, um köstlichen *cherne* (Wrackbarsch) zu essen. › S. 75

■ In der ehemaligen Fischmarkthalle von Angra auf Terceira logiert die **Casa de Peixe.** Spezialität des Hauses: Fisch im Dachziegel. › S. 84

■ Das Lokal mit Hafenblick ist schlicht, der Fisch aber fast unübertroffen frisch: **Beira Mar** In São Mateus da Calheta auf Terceira. › S. 91

■ Aus dem Hafen kommt der Fisch fangfrisch auf den Tisch des urigen Restaurants **Salgueirinha** in Feteira auf Faial. › S. 104

■ Nichts geht den Bewohnern von Madalena auf Pico über das etwas außerhalb gelegene Fischlokal **O Ancoradouro.** › S. 115

■ Die **Marisqueira** in Porto de São João auf Pico profitiert vom nahen Fischerhafen. Einfacher Rahmen, ausgezeichnete Küche › S. 119

Kleine Inseln – großer Geschmack

Käse aus Rohmilch erlebt in Portugal eine Renaissance. Insbesondere der Azoren-Käse erfreut sich wachsender Beliebtheit. Seinen unvergleichlichen Charakter verdankt er der salzhaltigen, feuchten Luft und der speziellen Flora der Weiden mit ihren intensiv duftenden Minzekräutern.

Käsereibesichtigung

■ **Cooperativa Leitaria da Beira**
Beira (São Jorge), an der Hauptstraße. Mo–Fr 8–16 Uhr ❭ S. 127.
■ **Unicol**
Santa Cruz da Graciosa, an der Straße nach Luz. Mo–Fr 8–16 Uhr.
■ Höhepunkt einer Inselrundfahrt auf Pico ist ein Picknick im romantischen Park von **Piedade**. Dazu gehört natürlich der **Queijo do Pico**, den man auf dem Hinweg in einer Käserei besorgt.

Spezialität von São Jorge

Am blauen Aufdruck »Denominação de Origem« (Ursprungsbezeichnung) und dem goldenen, nummerierten Etikett ist der echte **Queijo São Jorge** zu erkennen. Ein Käselaib wiegt zwischen acht und zwölf Kilogramm. In einer ersten Reifephase, die etwa einen Monat dauert, lagert er in natürlichen Höhlen. Während dieser Zeit wird er täglich umgedreht. Danach reift er noch zwei Monate in klimatisierten Kammern.

Flämische Einwanderer sollen die Rezeptur für den Hartkäse mit den kleinen, unregelmäßigen Löchern bereits im 15. Jahrhundert nach São Jorge gebracht haben. Schon bald wurde der Queijo São Jorge zum Exportartikel. Die Portugiesen verwenden die azorianische Käsespezialität gerne gerieben, ähnlich wie Parmesan. Aber auch Fondues aus Queijo São Jorge verschaffen ein unvergessliches Geschmackserlebnis. Ansonsten genießt man ihn meist pur, als Vorspeise oder zum Dessert.

Von anderen Inseln

Milder ist der **Queijo da Ilha** bei einer Reifezeit von nur 45 Tagen. Er darf auch auf anderen Azoreninseln hergestellt werden und kommt meist von São Miguel oder Graciosa. Kenntlich ist er an den weiß-blau-grünen Etiketten.

Der **Queijo do Pico** wird handwerklich in kleinen Familienbetrieben hergestellt. In den Käsereien auf Pico kann man mit etwas Glück erleben, wie die Rohmilch nach der Zugabe von Lab und Salz ausflockt und der Käsebruch dann in Ringformen gepresst wird. Der mit etwa 16 cm Durchmesser recht handliche Rundkäse reift anschließend vier Wochen lang in der Klimakammer.

Frisch selbst gemacht

Viele Azorianer machen selbst **Queijinho fresco** (Frischkäse) aus Ziegenmilch. Milch wird durch ein Teesieb gefiltert und mit Lab (das es in jedem Supermarkt gibt) verrührt. Nach dem Gerinnen tropft der Käsebruch in einer Ringform ab und ist bald fertig zum Verzehr. Im Laden sucht man diese Spezialität vergeblich. Einfache Kneipen servieren sie manchmal, man sollte danach fragen.

Käsereien auf Pico

■ **José Pereira da Silva**
Criação Velha (an der Kirche aufwärts bis zum Ortsrand).
Tgl. 8–20 Uhr.
■ **Sociedade de Produção de Lacticinios**
São João (an der Durchgangsstraße gegenüber vom Rathaus).
Tgl. geöffnet.

Hausgemachter Frischkäse aus Rohmilch von der Kuh ist unverzichtbare Zutat für die **Queijadas**, die winzigen Käsekuchen, die von kleinen Betrieben in Vila Franca do Campo (São Miguel) und Vila da Praia (Graciosa) gebacken werden. Außerdem kommen Mehl, Butter, Zucker und reichlich Eigelb in den Teig.

Zum Ziegenfrischkäse gehört Piri-Piri. Hauptbestandteil dieser höllisch scharfen Würzmischung sind klein gehackte Malagueta-Schoten, wie sie auf den Azoren noch in vielen Gärten geerntet werden. Darunter mischt man Olivenöl, Essig und Salz. Piri-Piri gibt es überall fertig zu kaufen – ein nettes Mitbringsel, um auch zu Hause einem Ziegenfrischkäse den richtigen Pepp zu verleihen.

Hier gibts Queijadas

■ **Pastelaria Quiteria**
Vila Franca do Campo, Rua da Vila 79/Ribeira das Tainhas, Tel. 296 583 292.
■ **Pastelaria Queijadas da Graciosa**
Vila da Praia (am Hafen vor den Öltanks links, dann wieder links), **Tel. 295 712 914.**

Unterwegs
auf den Azoren

Entdecken Sie die einzelnen Reiseregionen –
jeweils mit den schönsten Touren, allem
Sehens- und Erlebenswerten, Hotel-, Restaurant-,
Nightlife- und Shoppingtipps

São Miguel und Santa Maria

Nicht verpassen!

- Einen »königlichen« Blick auf den blauen und den grünen Kratersee von Sete Cidades werfen
- Relaxen im riesigen Thermalbadeteich von Furnas
- Tee direkt von der Plantage genießen in Gorreana
- Vor der Kulisse von Hunderten von Weinterrassen am Strand von São Lourenço die Füße ins Wasser halten

Zur Orientierung

Die größte Insel der Azoren, **São Miguel**, ist für sich schon eine Reise wert. Ihre Vulkanlandschaft präsentiert sich vielseitig, mit großen und kleinen Kraterseen, kochenden Quellen und Aussichtsgipfeln. Blühende Hecken säumen Straßen und Wege, überall laden prächtige Parks zum Entspannen ein. Wer den Wander- oder Besichtigungsurlaub mit Baden verbinden möchte, findet auf São Miguel sowohl die berühmten natürlichen Thermalschwimmbecken als auch eine Reihe kleiner, lauschiger Sandstrände. Außerdem kann man an manchem winzigen Fischerhafen ins Meer steigen.

In der Hauptstadt **Ponta Delgada** befinden sich große Hotels wie auch kleine Pensionen in historischen Gebäuden. Sowohl tagsüber als auch abends laden die Gassen zum Bummeln ein. Ponta Delgada bietet eine gute Restaurant- und Kneipenauswahl und liegt für Abstecher in alle Inselteile sehr günstig. Den schöneren Strand besitzt **Mosteiros** im Inselwesten, wo es viele Ferienhäuser und familiär geführte Unterkünfte gibt. An der Südküste hat **Caloura** zwar keinen richtigen Strand zu bieten, dafür aber eine idyllische Landschaft und niveauvolle Unterkünfte. **Furnas,** zwar abseits vom Meer, beeindruckt mit üppiger Vegetation, einem herrlichen Park mit Thermalbad

und der vulkanisch aktiven Umgebung. Es ist ein guter Standort für Golfer und Wanderer oder einfach nur zum Relaxen. Landhotels in Gutshöfen, oft mit Reitgelegenheit, verteilen sich über den Osten und Norden der Insel.

Die kleinere Nachbarinsel **Santa Maria** liegt abseits der touristischen Routen. Wer für ein paar Tage Ruhe in ursprünglicher Umgebung sucht, ist hier richtig. Große Sehenswürdigkeiten fehlen, aber es gibt Wandermöglichkeiten und zwei hübsche Sandstrände in **Praia** und **São Lourenço**. Praia eignet sich durchaus als Standort für einen Aufenthalt, allerdings wohnen die meisten Inselbesucher im ruhigen Hauptort Vila do Porto.

Touren in der Region

São Miguel umfassend erlebt

④ Ponta Delgada › Sete Cidades › Mosteiros › Capelas › Lagoa › Caloura › Vila Franca do Campo › Furnas › Povoaçao › Ribeira Grande

Länge: 3 Tage; 240 km
Verkehrsmittel: Nehmen Sie sich in Ponta Delgada einen Mietwagen; übernachtet wird in Ponta Delgada und Furnas.

Blühende Hecken säumen die Straße, die von Ponta Delgada nach Westen zum Miradouro da Vista do Rei führt. Der herrlich gelegene Aussichtspunkt eröffnet wahrlich einen »Königsblick« auf die Kraterseen der ****Caldeira das Sete Cidades ›** S. 61.

Weitere Stationen im Inselwesten sind der Fischerort ***Mosteiros ›** S. 62 mit seinem attraktiven Strand sowie der alte Walfängerhafen **Capelas ›** S. 62, bevor es quer über die Insel zurück nach Ponta Delgada geht.

In der Hauptstadt wird noch einmal übernachtet, anschließend beginnt die zweitägige Fahrt in den Osten von São Miguel.

In **Lagoa ›** S. 63 wird wunderschöne Keramik fabriziert, und **Caloura ›** S. 63 erinnert an mediterrane Gefilde. Historisches Flair bietet die Traditonsstadt **Vila Franca do Campo ›** S. 65. Höhepunkt des Tages dürfte der Besuch des idyllischen Tals von ****Furnas ›** S. 65 sein, wo Sie übernachten können.

Der dritte Tag widmet sich dem netten Städtchen **Povoação ›** S. 68 und der ursprünglichen Nordostküste. Die kurvenreiche Strecke berührt dort einen Aussichtspunkt nach dem anderen. In **Gorreana ›** S. 69 lohnt ein Stopp an der ***Teeplantage. Ribeira Grande ›** S. 70, die zweitgrößte Stadt São Miguels, besticht durch historische Bauten und Straßencafés rund um den Stadtpark. Zum Abschluss geht es zum Miradouro auf dem 949 m hohen **Pico Barrosa**.

Die prächtigsten Gärten auf São Miguel

> ━ ⑤ ━ **Ponta Delgada ›
Pinhal da Paz › Furnas**

Länge: 2 Tage: 1. Tag 16 km, 2. Tag 90 km
Verkehrsmittel: Für die Fahrt zum Pinhal da Paz Mietwagen oder Taxi; nach Furnas (2. Tag) gelangt man auch mit dem Linienbus.

Der erste Vormittag widmet sich Ponta Delgada, einer Stadt der Grünanlagen. Schon der Besuch des dschungelartigen Stadtparks **Jardim António Borges ›** S. 57, den Sie zu früher Stunde noch fast für sich haben, stellt ein Erlebnis dar. Dann geht es zum ehemaligen Privatpark der Großgrundbesitzerfamilie Do Canto (19. Jh.). Heute ist die prächtige subtropische Anlage zweigeteilt, in den **Jardim do Palácio de Sant'Ana** und den ***Jardim José do Canto ›** S. 57. Am Nachmittag machen Sie sich auf den Weg zum nördlich von Ponta Delgada gelegenen **Pinhal da Paz ›** S. 60, einem waldartigen botanischen Garten mit verschlungenen Wegen. Picknickplätze laden zur Rast ein. Am zweiten Tag steht Furnas auf dem Programm. Gewaltige Bäume von allen Kontinenten sind das Markenzeichen des dortigen **Parque Terra Nostra ›** S. 65. Die englische Naturgartenkunst des 19. Jh. lässt sich – nur im August – nebenan im kleinen, aber feinen **Parque Beatrice do Canto ›** S. 66 studieren.

Wanderungen zu den schönsten Kraterseen auf São Miguel

━━6━━ Parque Lagoa do Canário › Caldeira das Sete Cidades; Praia › Lagoa do Fogo › Praia; Lagoa das Furnas › Caldeira de Pero Botelho › Furnas

Länge: 3 Tagesausflüge ab Ponta Delgada; Fahrstrecke/Wanderdauer: 1. Tag: 63 km/3,5 Std.; 2. Tag: 50 km/4 Std.; 3. Tag: 86 km/2,5 Std.
Verkehrsmittel: Am ersten Tag Anfahrt mit dem Taxi (Rückfahrt vorbestellen); am zweiten Tag Bus oder Mietwagen; am dritten Tag bringt Sie der Linienbus hin und zurück.

Die aussichtsreiche Wanderung um den Ostrand der ****Caldeira das Sete Cidades ›** S. 61 beginnt am **Parque Lagoa do Canário.** Allmählich senkt sich der Weg zum gleichnamigen Ort ab, wo Sie einkehren können, bevor Sie mit dem vorbestellten Taxi zurück nach Ponta Delgada fahren. Die zweite Tageswanderung führt als Rundweg von der Südküste bei **Praia** zum einsamen Bergsee **Lagoa do Fogo ›** S. 64. Am dritten Tag laufen Sie vom Südufer der **Lagoa das Furnas** im Uhrzeigersinn bis zur **Caldeira de Pero Botelho ›** S. 66. Von hier können Sie direkt hinab nach ****Furnas ›** S. 65 wandern oder zuvor noch als lohnenden Abstecher den Aussichtsberg **Pico do Ferro** ersteigen **›** S. 67.

Highlights von Santa Maria

━━⑦━━ Vila do Porto › Praia › Pico Alto › Maia › São Lourenço › Santa Barbara › Anjos › São Pedro › Vila do Porto

Länge: 1 Tag; 60 km.
Verkehrsmittel: Nehmen Sie in Vila do Porto einen Mietwagen oder ein Taxi.

Vila do Porto › S. 72 ist Ausgangs- und Endpunkt dieser Tour. ***Praia ›** S. 74, das erste Ziel, beeindruckt vom Miradouro da Macela, der die schöne Bucht überragt. Einen Kontrast dazu bildet der **Pico Alto ›** S. 74, Santa Marias höchster Berg.

Eine Panoramastraße führt Sie anschließend erst zum Leuchtturm an der Südostspitze bei Maia und weiter zur Weinbauernbucht von ***São Lourenço ›** S. 75 an der Ostküste. Weiter auf dem Weg Richtung Nordwesten folgt das hübsche Dorf **Santa Barbara ›** S. 74, bis man nach kurvenreicher Strecke in **Anjos ›** S. 74 an der Nordküste anlangt. Stilvoll können Sie gegen Ende der Rundfahrt in **São Pedro ›** S. 74 im Restaurant Rosa Alta feine Regionalküche speisen.

Mit der 3-Tages-Tour »São Miguel umfassend erlebt« **›** S. 51 lässt sich diese Rundfahrt zu einer einwöchigen Tour verbinden. An den zwei ausflugsfreien Tagen erfolgen Hin- bzw. Rückreise per Fähre oder Flugzeug zwischen den beiden Inseln.

Verkehrsmittel

■ **Flughafen:** In Ponta Delgada
(PDL) auf São Miguel liegt er ca.
4 km westlich der Stadt (Taxistand; Busse nur Mo–Fr ca. 5 mal
tgl.). Auf Santa Maria (SMA)
befindet sich der Flughafen 4 km
nordwestlich von Vila do Porto
(Taxistand; Busse Mo–Fr u. Sa
vormittags stdl.). Die SATA fliegt
1–2 mal tgl. zwischen den beiden
Inseln hin und her. Ponta Delgada ist mit allen anderen Azoreninseln regelmäßig verbunden.

■ **Autofähren:** Die Atlântico
Line verbinden Ende April–Ende
Sept. 2–3 mal pro Woche Ponta
Delgada (São Miguel) mit Vila do
Porto (Santa Maria). In Ponta
Delgada gibt es Anschluss an die
anderen Inseln.

■ **Überlandbusse:** Es gibt auf
São Miguel drei Gesellschaften:
AVM, Tel. 296 301 350, bedient
den Inselwesten, Varela, Tel.
296 301 800, den Südosten, CRP,
Tel. 296 304 260, http://crpjc.
cidadevirtual.pt, den Nordosten
und Osten. Alle wichtigen Orte
werden ca. 6–8 mal tgl. angefahren, am Wochenende seltener.
Auf Santa Maria fährt Mo–Fr
2 mal tgl., Sa 1 mal tgl. ein Bus

4 ● **São Miguel umfassend erlebt** Ponta Delgada › Sete Cidades › Mosteiros
› Capelas › Lagoa › Caloura › Vila Franca do Campo › Furnas › Povoaçao
› Ribeira Grande

5 ● **Die prächtigsten Gärten auf São Miguel** Ponta Delgada › Pinhal da Paz
› Furnas

die Strecke Vila do Porto – São Pedro – Santa Bárbara – Santo Espírito (Largo N. S. da Conceição). Am So kein Busverkehr.

■ **Stadtbus:** Drei Linien fahren in Ponta Delgada je ca. 6-mal täglich verschiedene Rundkurse.

Wichtige Adressen

Offizielle Infosbüros:
■ **Delegação de Turismo**
São Miguel, 9500-150 Ponta Delgada Av. Infante Dom Henrique Tel. 296 285 743,

Sa, So geschl.
Büro am Flughafen:
Tel. 296 284 569.
■ **Posto de Turismo,**
Santa Maria, 9580-419 Vila do Porto Aeroporto de Santa Maria Tel. 296 886 355.

Büros der Fluggesellschaft SATA:
■ **Ponta Delgada**
São Miguel Av. Infante Dom Henrique 55 , Tel. 707 227 282, Mo–Fr 9–17.15 Uhr
Flughafeninfo: Tel. 296 205 414
■ **Vila do Porto**
Santa Maria: ,Rua Dr. Luis Bettencourt, Tel. 296 886 501

Wanderungen zu den schönsten Kraterseen auf São Miguel **Parque Lagoa do Canário › Caldeira das Sete Cidades; Praia › Lagoa do Fogo › Praia; Lagoa das Furnas › Caldeira de Pero Botelho › Furnas**

Unterwegs auf São Miguel

*Ponta Delgada ∎

Seit 1546 ist Ponta Delgada (65 000 Einw.) die Hauptstadt von São Miguel. Dementsprechend gibt es Repräsentativbauten aus fast fünf Jahrhunderten zu bewundern. Wer nicht ohnehin in Ponta Delgada Quartier bezogen hat, sollte sich drei Stunden Zeit für einen Stadtrundgang nehmen.

Emanuelinisch verspielt gibt sich das Hauptportal der **Igreja Matriz de São Sebastião Ⓐ** von 1531, die dem Schutzpatron der Stadt nach einer Pestepidemie geweiht wurde. Die Bauarbeiten wurden seinerzeit von König João

III. finanziell unterstützt. Dafür ließ er sich gemeinsam mit seiner Frau Catarina auf zwei Marmormedaillons über dem Südportal verewigen. Das Kircheninnere ist mit kostbaren Holzschnitzereien (17./18. Jh.) ausgestattet.

Am Largo da República erhebt sich die **Câmara Municipal Ⓑ** (Ende 16. Jh.), ein typisch azorianisches Renaissancerathaus mit Außentreppe. In der Barockzeit kam der wuchtige Turm hinzu. Arkadenumsäumt präsentiert sich gleich daneben der **Largo de Gonçalo Velho Cabral Ⓒ** mit dem Denkmal des vermutlichen Entdeckers der Azoren und einem Stadttor von 1793.

Ein *metrosídero* (Eisenholzbaum) mit weit ausladenden Ästen wirft Schatten über die Praça 5 de Outubro. An der Westseite des Platzes erhebt sich die 1709 als Franziskanerkirche erbaute **Igreja São José Ⓓ** mit ihrer streng geometrischen Fassade. Innen bezaubern die vergoldeten Holzschnitzereien (Mo–Fr 14–18 Uhr). Den größeren Zulauf hat die mit Sakralschätzen überaus reich ausgestattete Kirche des Klosters **Nossa Senhora da Esperança Ⓔ** nördlich des Platzes. Sie ist Ausgangspunkt für die große Prozession zu Ehren des Senhor Santo Cristo dos Milagres, die alljährlich fünf Wochen nach Ostern durch Ponta Delgada zieht. Zum Meer hin präsentiert im wuchti-

Ein Denkmal am Hafen ehrt den Seefahrer Gonçalo Velho Cabral

gen **Forte de São Brás** (16. Jh.)
das **Museu Militar dos Açores**
Militärgeschichte des 19. und
20. Jhs. (Di–Fr 10–18, Sa 13
bis18 Uhr).

Der geräumige Stadtpark **Jardim António Borges** ⑬ wirkt vor
allem bei feuchter Witterung wie
ein Dschungel. Fächerförmig
breiten sich die Wurzelgeflechte
tropischer Bäume über den Rasen
(tgl. 8.30–20 Uhr). Im kleineren
Jardim Antero de Quental ⑭
kommt die Kultur zum Zuge:
Ant(h)ero de Quental war ein im
19. Jh. sehr bekannter Dichter aus
Ponta Delgada; von ihm stammen
auch die beiden in den Stein ge-
meißelten Sonette. Nebenan ragt
die Barockfassade der **Igreja do
Colégio** ⑮ auf. Ihr Bau wurde
1737 begonnen, die Vertreibung
der Jesuiten aus Portugal 1760
verhinderte jedoch die Fertigstel-
lung. So fehlen die Glockentürme.
Jetzt beherbergt das Gotteshaus
den **Núcleo de Arte Sacra do
Carlos Machado,** eine Sammlung
sakraler Kunst (Di–Fr 10–17.30,
Sa, So 14–17.30 Uhr). Ein paar
Schritte weiter befindet sich in einem ehemaligen Kloster der
Hauptsitz des ***Museu Carlos
Machado** ⑯. Es zeigt azorianische Kunst, volkskundliche Exponate, mineralogische und botani-
sche Sammlungen und sogar
Spielzeug (Di–Fr 10–12.30, 14 bis
17.30, Sa, So 14–17.30 Uhr, Mo,
Fei geschl.).

Fast schon am Stadtrand liegt
an der Rua José do Canto ein
zweigeteiltes, insgesamt fast 6 ha
großes Parkgelände, das ab 1845

Das Renaissance-Rathaus in der
Altstadt von Ponta Delgada

angelegt wurde. Wegen seines hohen Baumbestands besonders
schön ist der ***Jardim José do
Canto** (tgl. 10 Uhr bis Sonnenuntergang, www.jardimjosedocanto.
com; Eintritt 2 €) mit Pool und
Liegewiese. In ihm findet sich
auch der kleine Palácio José do
Canto (19. Jh.), in dessen Prunk-
saal im Obergeschoss Konzerte
gegeben und Kongresse veranstaltet werden. Zu ebener Erde ist mit
der Casa do Jardim ein Residencial untergebracht (❯ S. 59). Nebenan, im **Jardim do Palácio de
Sant'Ana** (Mo–Fr 9–12, 14 bis
16.30 Uhr; Eintritt frei), erhebt
sich der gleichnamige Palast, heute Residenz des Präsidenten der
Regionalregierung.

Strände der Stadt

Zwei gepflegte Strandzonen östlich der Stadt laden zum Baden
ein: In **São Roque** gibt es mehrere
kleine Sandstrände unterhalb der
Pfarrkirche, außerdem die **Praias
das Milicias** mit dem Barracuda
Aparthotel.

Weiter außerhalb liegt die un-
verbaute **Praia do Pópulo** – dort
gibt es auch eine Strandbar. An
sommerlichen Wochenenden vergnügen sich hier wie dort viele
Einheimische.

Hotels

■ **Royal Garden Hotel**
Rua de Lisboa
Tel. 296 307 300
www.investacor.com
Das erste Designerhotel der Azoren.
Großer Wellnessbereich. ●●●

■ **Barracuda Aparthotel**
Praias das Milicias (São Roque)
Tel. 296 381 421
www.hotel-barracuda.com
Modernes Haus direkt am Strand im
Stadtteil São Roque, fast alle Zimmer
mit Balkon und Meerblick. ●─●●

Ponta Delgada

0   250 m

■ **Casa do Jardim**
Rua José do Canto 9
Tel. 296 650 310
www.residencialcasadojardim.com
Gehobene Pension mit 14 Zimmern im
Erdgeschoss eines Palastes (❯ S. 57). ●

■ **Casa Vitoriana**
Rua Dr. João Francisco de Sousa 34
Tel. 296 285 081
www.casavitoriana.com
Stadthaus im viktorianischen Stil. Eine
Oase ist der tropische Obstgarten. ●

■ **Residencial Carvalho Araújo**
Rua Carvalho Araújo 63/65

Ⓐ Igreja Matriz de São Sebastião
Ⓑ Câmara Municipal
Ⓒ Largo de Gonçalo Velho Cabral
Ⓓ Igreja São José
Ⓔ Nossa Senhora
da Esperança
Ⓕ Forte de São Brás
Ⓖ Jardim António Borges
Ⓗ Jardim Antero
de Quental
Ⓘ Igreja do Colégio
Ⓙ Museu Carlos Machado

Tel. 296 307 090
www.residencialca.com
In der Nähe des Jardim Antero de
Quental, familiär-nostalgisch, ordent-
liche Ausstattung. ●

Restaurants

■ **Açores Marisqueira**
Rua Engenheiro José Cordeiro 20
Tel. 296 385 093
Fisch und Meeresfrüchte am Jacht-
hafen; sehr beliebt, deshalb sind oft
die Plätze knapp. Mo geschl. ●●●

■ **Colégio 27**
Rua Carvalho Araújo
Tel. 296 288 930
Trendiger Platz, stylishes Interieur in
400 Jahre altem Salzlagerhaus in der
Stadtmitte, kreative Küche. Auch Jazz-
Lounge und Cocktailbar. ●●●

■ **O Roberto**
Av. Infante D. Henrique 14
Tel. 296 283 769
Aufgetischt werden Spezialitäten wie
Bife à Roberto (Steak) oder Bacalhau
(Stockfisch); erfreulicher Service, Meer-
blick. Sa geschl. ●–●●

■ **Rotas da Ilha Verde**
Rua de Pedro Homem 49
Tel. 296 628 560
Einziges vegetarisches Restaurant auf
São Miguel; manchmal Themenabende.
Tgl. 12–22 Uhr. ●

Shopping

Mercado Municipal
**Rua Teófilo da Braga/Rua da Fonte do
Bago**
In der modernen Markthalle reihen
sich Obst- und Gemüsestände. Sie ver-
kaufen, was auf den Azoren geerntet
wird, speziell Unmengen frischer Ananas und die scharfen Piri-Piri-Schoten.
Auch Fisch, Fleisch, Käse und sogar

Kunsthandwerk sind im Angebot. Imbissbuden offerieren Herzhaftes für den kleinen Hunger wie auch süßes Gebäck. Mo–Fr 7–19, Sa 7–13 Uhr.

Nightlife

■ **Coliseu Micaelense**
Rua de Lisboa
Tel. 296 209 500
www.coliseumicaelense.pt
Im 1917 gegründeten und 2005 renovierten Theater gibt es am Wochenende oft Varieté mit Tanz- oder Akrobatikgruppen. Ab und zu verwandelt sich das Theater in eine Megadisco. Ticket-Vorverkauf an der Kasse Mo–Sa 13–20 Uhr.

■ **El Cubanito**
Travessa do Arco 1
Tel. 296 287 227
Jede Nacht erklingt kubanische Live-Musik an der Uferpromenade.

■ **Fair Play**
Rua da Cruz 17–19
Tel. 296 308 371
Jeden Donnerstag Live-Musik, am Sonntag »Ladies Night«. Die Dekoration widmet sich dem Fußball und speziell dem azorianischen Stürmerstar Pauleta, der bis 2006 in Portugals Nationalmannschaft spielte. Wer nicht nur einen Drink nehmen möchte, speist vielleicht *Bife à Pauleta*. Tgl. 7–2 Uhr.

Ausflüge ab Ponta Delgada

Ananasplantage
Im Nordosten Ponta Delgadas, in Fajã de Cima und Fajã de Baixo, dehnen sich Ananasplantagen aus. Die tropischen Früchte werden mit hohem Aufwand in Treib-

häusern gezogen, sind entsprechend teuer, schmecken allerdings auch besonders köstlich. In der ***Plantação de Ananases »A. Aruda«*** (ausgeschildert) gewinnt man einen Überblick über den Anbau. Der angeschlossene Laden verkauft Likör, Marmelade und Bonbons aus Ananas (Juli–Sept. tgl. 9–20, Okt.–Juni tgl. 9–18 Uhr).

Pinhal da Paz
Das Naherholungsgebiet Pinhal da Paz bedeckt ein fast 50 ha großes, bewaldetes Areal in einer Vulkanhügellandschaft nördlich von Ponta Delgada (von der Straße nach Fenais da Luz ausgeschildert). Lauschige Fußwege durchziehen das Gelände, Wandertafeln weisen die Richtung. Auch für Mountainbiker sind die Routen attraktiv. Es gibt Picknickplätze, einen geräumigen Kinderspielplatz, Fitnessparcours und am höchsten Punkt des Waldparks (240 m) einen Miradouro mit Traumblick über Ponta Delgada.

Der Großgrundbesitzer António do Canto Brum legte Anfang des 20. Jhs. durch die Pflanzung verschiedener exotischer Baumarten den Grundstock für den heutigen Park. 1988 erwarb die Azorenregierung das Gelände von seinen Erben. Sie legte innerhalb des Waldes verschiedene Themengärten an: endemische Pflanzen, Farne, Palmen, Kamelien, Kakteen usw. (Folder mit Parkplan unter www.azores.gov.pt; Mo–Fr 8–19, Sa, So, Fei 10 bis 20 Uhr; Eintritt frei).

1 Sete Cidades

Der **Miradouro da Vista do Rei** eröffnet aus 550 m Höhe wahrlich einen »Königsblick« über einen der schönsten Landstriche der Azoren: In der 12 km messenden ****Caldeira das Sete Cidades** ruhen die blaue Lagoa Azul und die grüne Lagoa Verde am Fuß fast senkrechter Kraterwände. Auf der Fahrt in den Kessel hinab lässt sich der Blick vom **Miradouro do Cerado das Freiras** nochmals ausgiebig genießen. Kurz darauf schaut man links zu dem im Wald liegenden Kratersee **Lagoa de Santiago.**

Wer die Caldeira erwandern möchte, startet an ihrem Südrand, an der Einfahrt zum **Parque Lagoa do Canário.** Der kleine Kratersee und seine waldreiche Umgebung stehen unter Naturschutz (Mo–Fr 8.30–15, Sa, So, Fei 10 bis 19 Uhr). Man folgt zunächst dem breiten Weg zum See und biegt dann rechts in einen Waldweg ein. Dieser mündet in eine Forstpiste, auf dieser geht es links. Sie geht in einen holprigen Weg über, der steil zum Pico da Cruz (845 m) ansteigt und sich dann entlang des Ostkamms der Caldeira hält. Vom Nordrand der Caldeira steigt man steil abwärts und erreicht nach 3 1/2 Std. **Sete Cidades**.

Sieben Städte in Flammen

Die Sage erzählt von einem König, der sehr traurig war, keine Kinder zu haben. Daher regierte er sein Volk äußerst grausam, obwohl er im Grunde ein guter Mensch war. Eines Abends versprach ihm eine Lichtgestalt eine Tochter, doch sollte er sie vor ihrem 30. Geburtstag nicht sehen. So würde er genügend Zeit haben, sich zu ändern. Die Prinzessin sollte in sieben stark befestigten Städten (Sete Cidades) aufwachsen, und sollte der König versuchen, sie vor Ablauf der 30 Jahre zu sehen, müsste er mit seinem Tod und dem Untergang seines Reiches dafür bezahlen.

Der König freute sich sehr und versprach, die Bedingungen zu erfüllen. Wenig später kam die Prinzessin zur Welt. Die Jahre vergingen, und der Vater sehnte sich immer mehr nach seiner Tochter. Als nur noch zwei Jahre fehlten, konnte er nicht mehr warten und machte sich auf den Weg. Je näher er den sieben Städten kam, desto mehr begann die Erde zu beben. Voller Wut stürmte der König die Festung. Die Erde erzitterte, der Boden brach auf, riesige Flammen wurden herausgeschleudert und eine gewaltige Flutwelle riss die ganze Insel weg. Nur neun felsige Inselflecken, die Azoren, blieben übrig.

Der Ort, an dem die Prinzessin gelebt hatte, verwandelte sich in die Caldeira das Sete Cidades. Das Wasser im einen Teil ist grün (Lagoa Verde), da dort ihre Pantoffeln liegen, der andere schimmert blau (Lagoa Azul), weil dort ihr Hut vom Grund herauf leuchtet.

Für den ruhigen Ort typisch sind die *espigueiros*, auf Pfählen stehende Getreidespeicher. Diese Bauweise verhinderte das Eindringen von Mäusen und bot früher Schutz vor Überschwemmungen. Schmuck erhebt sich die neugotische Pfarrkirche **São Nicolão** am Dorfrand.

Restaurant

O Arado
Rua Caridade 21
Tel. 296 295 301

Kulinarische Souvenirs von São Miguel

■ **Ananas** wächst in Gewächshäusern bei Ponta Delgada. Auch Likör, Marmelade und Bonbons werden aus den schmackhaften Früchten hergestellt. › S. 60
■ Köstliche kleine Käsekuchen, **Queijadas,** sind die Spezialität von Vila Franca do Campo. Mit nach Hause genommen, bleiben sie noch viele Tage frisch. › S. 47
■ Die beiden letzten **Teeplantagen** Europas produzieren auf São Miguel. In Gorreana können verschiedene Sorten im Direktverkauf erstanden werden. › S. 69
■ Auch **Maracujas** gedeihen auf der Insel. In Ribeira Grande werden sie zu leckerem Likör verarbeitet. › S. 71.
■ **Tunfisch** der in ganz Portugal bekannten Marke Bom Petisco wird in Rabo de Peixe › S. 72 eingedost. *Ao natural* oder in Öl eingelegt ist er in jedem Supermarkt erhältlich.

Im Sommer beliebtes Familien-Ausflugsziel; deftige Inselküche. Tgl. geöffnet. ●—●●

*Mosteiros 3

Das an der Nordwestküste von São Miguel gelegene Fischerdorf ist häufig der Brandung ausgesetzt. Doch den attraktiven schwarzen Strand schützt ein Ensemble von Felsen, die sich zu einem »Kloster« (port. *mosteiro*) mit »Mönchen« gruppieren. In der Umgebung haben sich viele deutsche Aussteiger niedergelassen und auch viele Einheimische errichteten hier Ferienhäuser. Viele werden privat vermietet (› S. 27).

Restaurant

O Américo
Rua Pensões 11
Einfache Fischerkneipe mit netter Dekoration und authentischem Seafood. Nur mittags; So geschl. ●

Santo António und Capelas

Von Palmen umgeben ist **Santo António 4**. Beim Ort steht noch eine der wenigen erhaltenen Windmühlen von São Miguel. Vom **Miradouro do Santo António** überblickt man die lange Bucht von Ribeira Grande.

In der Umgebung von **Capelas 5** zeugen viele *quintas* (Gutshöfe) von der Zeit des lukrativen Orangenanbaus. Die kleine **Oficina Museu M. J. Melo** dokumentiert altes Handwerk und zeigt Blumenbilder von Manuel João Melo (Mo–Fr 14–18 Uhr; Eintritt 2 €). Danach erfrischt ein Bad im wildromantischen alten Walfängerhafen.

Hotels

■ **Solar do Conde**
Capelas, Rua do Rosário 36
Tel. 296 298 887
np95kd@mail.telepac.pt
Über das ausgedehnte Gelände eines früheren Gutshofs (17. Jh.) verteilen sich kleine Häuser mit Apartments für bis zu 4 Personen. Gutes Restaurant, Bar, kleiner Pool. ●●●

■ **Casa do Monte**
Santo António, Estrada Regional 2
Tel. 296 298 144
www.virtualazores.com/monte
Wunderschönes, in klassischem Altrosa gehaltenes Gutshaus, seit drei Jahrhunderten in Familienbesitz. Ferien auf dem Bauernhof auf hohem Niveau: Reiten, Radfahren und Spaziergänge. Fünf stilvolle Gästezimmer, Frühstück in der traditionellen Küche. ●●

Lagoa [6]

Der fast mit Ponta Delgada zusammengewachsene Ort ist Zentrum der Keramikindustrie. In den Gebäuden der **Fábrica Cerâmica Vieira** lassen sich die Töpfer über die Schultern schauen. Außer Gebrauchsgeschirr wie Schüsseln und Tassen stellen sie kunstvoll bemalte und gestaltete Fliesen (Azulejos) her (Rua das Alminhas 10–12; Fabrik und Verkauf: Mo–Fr 9–12, 14–18 Uhr, Verkauf auch Sa 9–12.45 Uhr).

Restaurant

Borda d'Água
Largo do Porto 52
Tel. 296 912 114
Das wohl renommierteste Fischlokal von São Miguel, mit schöner Terrasse am Hafen. Mo–Sa 12–15, 19–23 Uhr.
●●●

*Caloura [7]

Dank des milden Klimas und der fast schon mediterranen Atmosphäre ist die Villensiedlung Caloura ein bei Individualreisenden beliebter Ferienstandort. Im Ortsteil **Baixa de Areia** (Wegweiser »Praia«) wartet am winzigen Fischerhafen neben einer Bar in der ehemaligen Hafenfestung ein traumhafter Meerespool, von hohen Klippen dominiert.

Den Hafen überragt die **Igreja Nossa Senhora da Conceiçao** (17. Jh.), ein Kleinod des azorianischen Barock. Mitte des 16. Jhs. stand hier ein Nonnenkloster. Die Schwestern bekamen vom Papst in Rom die Baugenehmigung, und als Geschenk obendrein die heute auf São Miguel hoch verehrte Büste des Senhor Santo Cristo dos Milagres. Das Kloster wurde später wegen der ständigen Gefahr von Piratenüberfällen in die sichere Hauptstadt Ponta Delgada verlegt.

Wer auf der Durchreise keine Gelegenheit für den kurzen Abstecher nach Caloura hat, kann von der Hauptstraße, vom **Miradouro do Pisão,** einen beeindruckenden Blick hinunter auf den Ort werfen.

Küste von Caloura

die den Naturfarbstoff Indigoblau lieferte und bis Mitte des 17.Jh. von den Azoren aus exportiert wurde. Angeschlossen ist ein Botanischer Garten mit zahlreichen endemischen Pflanzenarten (Tel. 296 913 770; Mo–Fr 9–12, 13.30–17.30 Uhr, Sa, So, Fei geschl.).

Praia 8

In der weit geschwungenen Bucht von Praia erstreckt sich einer der schönsten, längsten und bis auf ein Hotel unbebauten Sandstrände von San Miguel. Praia ist auch der Ausgangpunkt für eine vierstündige Rundwanderung zum einsamen Bergsee **Lagoa do Fogo** › S. 72. Dazu folgt man der Küstenstraße bis zum nahe gelegenen Ort Água de Alto. Ab dort ist die Route, die rund 650 Höhenmeter aufwärts Feld- und später Waldwegen folgt, ausgeschildert. Am ruhigen Südufer des Bergsees lohnt sich eine ausgiebige Pause. Bei einer Wetterstation beginnt der Abstiegsweg, zunächst einem sumpfigen Tal folgend und dann entlang einer *levada*, eines wildromantischen Wasserkanals. Diesen verlässt man bei einem Wasserreservoir und steigt über Feldwege nach Praia ab.

Hotels

🟧 **Caloura Hotel Resort**
Agua de Pau
Tel. 296 960 900
www.calourahotel.com
Freizeitorientierte, moderne Anlage mit Schwimmbad, Sauna und Reitgelegenheit. ●●●

🟧 **Quinta Altamira**
Agua de Pau
Tel. 296 913 980
www.azoren-altamira.de
Bungalows für bis zu 6 Personen in einer weitläufigen Parkanlage nahe am Meer, mit Pool und Tennisplatz, unter deutscher Leitung. ●–●●

Ribeira Chã

In dem kleinen Ort oberhalb der ER1-1, etwa 3 km von Caloura entfernt, zeigt das **Museu Agrícola** landwirtschaftliches Gerät aus mehreren Jahrhunderten und dokumentiert den Anbau von *pastel* (Färberwaid), einer Pflanze

Hotel

Hotel Bahia Palace
Agua d' Alto
Tel. 296 539 130
www.hotelbahiapalace.com.
Etwa 100 Zimmer mit viel Komfort, fast alle mit Meerblick. ●●●

Vila Franca do Campo 9

Auf einem flachen Uferstreifen *(campo)* gegründet, war das Fischerstädtchen (5000 Einw.) die von Zöllen freie *(franca)* erste Hauptstadt der Insel. 1522 zerstörte ein Erdbeben die stolzen Bauten der Händler und Adligen. Sie wanderten nach Ponta Delgada ab, der Status der Hauptstadt ging verloren. Die Anfang des 17. Jhs. wieder aufgebaute **Igreja de São Miguel** überstrahlt heute das Zentrum mit seinen engen Gassen. Jachthafen und **Aquapark ›** S. 20 zeugen von touristischer Entwicklung. Idyllisch liegt die winzige Vulkaninsel **Ilhéu de Vila Franca** im Meer. Der halboffene Krater ist ein idealer Pool. Juni–Sept. fährt ein Ausflugsboot hinüber (Mo–Sa 6-mal tgl., So, Fei fast stündlich; pro Fahrt 2,50 €).

Hotel

Hotel Marina
Rua Eng. M. A. Martins Mota
Vinha d'Areia
Tel. 296 539 200
www.maisturismo.pt/marina
Modernes Haus am Jachthafen; ansprechende Architektur, alle Zimmer mit Balkon. ●●●

Restaurant

O Jaime
Rua Teófilo Braga 108
Tel. 296 582 419
Regionale Küche, schönes Gartenambiente. ●●

Ausflug zur *Igreja Nossa Senhora da Paz

Unmittelbar nördlich von Vila Franca do Campo thront die Wallfahrtskirche, die der Friedensmadonna geweiht ist, inmitten grüner Hügel. Eine symmetrische Treppe, einmalig in ihrer Art auf den Azoren, aber auf dem portugiesischen Festland hier und da ähnlich zu finden, führt hinauf, vorbei an Fliesenbildern mit Szenen aus dem Marienleben. Oben bietet sich ein herrlicher Ausblick über Meer und Stadt.

Furnas 10

Wer Ruhe sucht, gerne wandert und in warmem Thermalwasser badet, ist in Furnas (1000 Einw.) richtig. Am Nordrand des Ortes ziehen schwefelige Dunstschwaden durch die Luft. Dort brodeln die kochend heißen Quelltöpfe der *caldeiras* – Zeugen vulkanischer Aktivität. Brunnen mit heilkräftigem Wasser sprudeln in der Nähe.

Im **Parque Terra Nostra** speisen warme Quellen ein teichartiges Thermalbad. Gäste des angrenzenden Hotels Terra Nostra Garden (› S. 25) und Parkbesucher (für Letztere Eintritt 4 €; Mo–Sa 9.30–18.30 Uhr) ziehen dort im wegen seines Eisengehalts braungelb gefärbten Wasser ihre Runden. Riesige Araukarien und Sicheltannen werfen Schatten über gewundene Kanäle, aus Grotten plätschern Wasserfälle in Teiche. Unter den Wedeln von Palmen haben sich Fledermäuse eingerichtet. In einer Gartenvilla im Park kombiniert Dirk Petersen fernöstliche Heilmethoden mit einer Thermal-Kur gegen Übersäuerung, Rückenprobleme und Alltags-Stress (Infos Mo–Fr 18–20 Uhr Tel. 914 708 500, slevoyrethermal@sapo.pt, ❭ S. 25). Ein weiteres Kleinod der Gartenkunst nach englischem Vorbild ist der **Parque Beatrice do Canto** (nur im Aug. tgl. 9–17 Uhr).

Info

Posto de Turismo
Rua Dr. Frederico Moniz Pereira 17–19
Tel. 296 584 525
Mo–Fr 9–12.30, 14–17.30 Uhr.

Hotels

■ **Furnas Spa Hotel**
Av. Dr. Manuel de Arriaga, SN
Tel. 296 549 000
http://furnasspahotel.com
Wellnessbetontes neues Viernestehotel im umgebauten alten Kurhaus. Diverse Spaanwendungen mit Thermalwasser sind möglich, die Zimmer verfügen über jeden Komfort. Großzügiges Restaurant. ●●●

■ **Hotel Terra Nostra Garden**
Rua Padre José Jacinto Botelho 5
Tel. 296 549 090
www.bensaude.pt
Der alte Flügel von 1934 ist im Artdéco-Stil, im neuen Anbau weisen fast alle Zimmer zum Garten. ●●●

■ **Furnas Lake Villas**
Lagoa das Furnas

Tel. 296 584 107
www.furnaslakevillas.pt
Acht komfortable Bungalows für Selbstversorger im Designerlook, außen mit viel hellem Holz. Für 2 oder 4 Personen. Die exklusive Anlage liegt in unmittelbarer Nähe des Sees von Furnas und verfügt über Pool und Snackbar. ●●●

■ **Domus Adepta**
Rua Dr. Augusto Arruda 12
Tel. 296 584 354
www.domus-adepta.com
Turismo Rural. Die elegante Jugendstil-Dekoration in dunklen Holztönen entspricht der Bauzeit des Hauses Anfang des 20. Jhs; Salon mit Kamin, hübscher Garten. ●●

Restaurants

■ **O Miroma**
Rua Dr. F. Moniz Pereira 15
Tel. 296 584 422
Spezialität ist *cozido nas caldeiras,* in vulkanischen Quelltöpfen gekochter Eintopf. Mi geschl. ●●

■ **Tony's**
Largo do Teatro 5
Tel. 296 584 290
Fisch- und Fleischgerichte, von Einheimischen gern frequentiert. Tgl. geöffnet. ●●

Ausflüge ab Furnas

Lagoa das Furnas

Idyllisch in den Kessel eines 6,5 km breiten Kraters eingebettet liegt dieser See. An seinem Nordrand (Wegweiser »Caldeiras«), zieht Schwefeldampf durch die Luft. In der **Caldeira de Pero**

Im Tal von Furnas: Grüne Wiesen bedecken vulkanischen Untergrund

Botelho blubbert kochender Schlamm. Unweit davon kochen am Wochenende einheimische Familien ihren *cozido* (Eintopf) in heißen Erdlöchern. Am Südufer spiegelt sich im Wasser die neugotische Silhouette der **Ermida de Nossa Senhora das Vitórias** (19 Jh.). Sie soll eine verkleinerte Ausgabe der Kathedrale von Chartres darstellen. Die weit gereiste Großgrundbesitzerfamilie Do Canto engagierte einen Architekten aus Paris, um mit der Errichtung einer Kapelle ein Gelübde zu erfüllen. Wer per Linienbus oder Taxi anreist, kann hier aussteigen und Furnas wandernd erreichen (1,5 bis 2 Std.). Dazu den See entlang des Ufers im Uhrzeigersinn zu etwas zwei Dritteln umrunden, bis zu den Caldeiras. Dort nicht zur Hauptstraße hinüber, sondern einen holprigen Fahrweg hinab zum Ort.

Pico do Ferro

Um zum »Eisenberg«, an dem allerdings kein Eisenerz vorkommt, zu gelangen, fährt man am 4 km nördlich von Furnas gelegenen Golfplatz vorbei. Kurz nach dessen Zufahrt biegt eine Straße zum Aussichtspunkt auf dem Pico do Ferro (544 m) ab. Wer den Gipfel lieber erwandern möchte, kann das ab der Lagoa das Furnas tun, wo von den Caldeiras ein Fußweg zum Pico do Ferro ausgeschildert ist.

Ribeira Quente

Der Wanderweg »Trilho do Pico da Areia« (beschildert, 2 Std.) führt von Furnas zur Küste nach **Ribeira Quente.** Unterwegs lädt ein Panorama-Aussichtsturm zur Vogelbeobachtung ein, am Ende wartet ein Strand mit vulkanisch erwärmtem Wasser. Die angenehm temperierten Quellen sprudeln unter dem Meeresspiegel.

Leuchtturm von Nordeste

Povoação 11

Das Zentrum des Südostens von São Miguel glänzt durch die reizvolle Strandpromenade und eine von restaurierten Stadthäusern gesäumte Fußgängerzone mit Cafés, Geschäften und Restaurants. Erste Siedler hatten sich im 15. Jh. hier niedergelassen. Ein Denkmal im Stadtgarten erinnert daran, dass sie damals zunächst einen Ziegenbock aussetzten. Als dieser nach einigen Tagen noch lebte, verlor die Schiffsbesatzung ihre Furcht und ging an Land. Das erste Gotteshaus der Insel wurde 1630 durch ein Erdbeben zerstört. An seiner Stelle am Meer erhebt sich heute die **Igreja Nossa Senhora do Rosário** mit einem prächtigen Portal (17. Jh.).

In einer ehemaligen Wassermühle residiert das **Museu do Trigo** (Weizenmuseum), das auch Insel-Souvenirs (Keramik, Likör)

verkauft (Di–Fr 10–12.30, 14–17, Sa, So 11–14.30 Uhr; Eintr. frei).

Die Gemeinde hat **12 Wanderwege** ausgewiesen; die anspruchsvollste Tour führt auf den Pico da Vara › S. 69; mit Rückweg 8–9 Std. Infos im Rathaus (Largo do Município, Tel. 296 585 549).

Hotel

Hotel do Mar
Rua Gonçalo Velho 2
Tel. 296 550 010
www.hoteldomar.com
Komfortzimmer mit Balkon und Meerblick. Beheizter Pool, Jacuzzi. ●●

Restaurant

Jardim
Largo Dom João I 3/5
Tel. 296 585 413
Das einfache aber gute Lokal serviert inseltypische Hausmannskost.
Tgl. geöffnet. ●●

Decima Ilha und Nordeste

Ein offizieller Ortsname ist »Decima Ilha« (»zehnte Insel«) nicht, sondern die scherzhafte Bezeichnung der Einheimischen für die recht abgelegene Ostspitze ihrer Insel. Bei **Terra Chã** und **Água Retorta** 12 stürzen die Berghänge Hunderte von Metern senkrecht in den Atlantik, ständig wechselt das Panorama bei der Fahrt entlang dieser wilden Küste.

Am **Miradouro Ponta da Madrugada** bietet sich ein **180-Grad-Blick wie aus einem Flugzeugcockpit.** Eine Schlucht trennt den paradiesischen Platz vom **Miradouro da Ponta do Sossego**, einer gepflegten Parkanlage mit Grillplätzen. Nördlich von **Pedreira** führt eine Stichstraße (7,5 km) zum **Pico Bartolomeu**. Bei klarem Wetter genießt man vom Gipfel (887 m) einen großartigen Rundblick.

Am südlichen Ortseingang von **Nordeste** 13 blickt man von der Platanen-Terrasse des **Miradouro da Vista dos Barcos** zum Leuchtturm an der Ponta do Arnel. Der subtropische **Jardim Botânico da Ribeira do Guilherme** lädt mit Teich und Wassermühle zum Schlendern ein. Stoffherstellung ist die Spezialität der Gegend. Exponate dazu präsentiert das **Museu Municipal de Nordeste** bei der Kirche (Mo–Fr 10–12.30, 14 bis 17.30 Uhr; Eintritt frei). In der **Casa do Trabalho** erlebt man Frauen live beim Spinnen und Weben (Mo–Fr 9–12, 13 bis 17 Uhr).

Am nördlichen Ortsrand von Nordeste windet sich ein Sträßchen zur weitläufigen Badeanlage **Piscina da Boca da Ribeira**.

Hotels

■ **Estalagem dos Clérigos**
Rua dos Clérigos 1
Tel. 296 480 100
www.bensaude.pt
Modernes, ansprechend dekoriertes 4-Sterne-Landhotel mit wunderbarem Meerblick und Pool. ●●●

■ **Quinta das Queimadas**
ca. 4 km außerhalb von Nordeste
Tel. 296 488 578
www.quintadasqueimadas.com

Einzeln gelegener Landsitz aus dem 19.Jh., von der Straße zum Pico Bartolomeu auf einer Piste zu erreichen. Es werden Bungalows, ein Apartment und Zimmer vermietet. Die Umgebung kann man zu Fuß erkunden. ●─●●

Restaurant

Tronqueira
Rua da Tronqueira
Tel. 296 488 292
Regionale Küche; Garten mit Meerblick. Tgl. geöffnet. ●─●●

Ausflug zum Pico da Vara

Von **Algarvia**, ca. 3 km westlich von Nordeste, führt ein Weg zum **Pico da Vara** – mit 1103 m der höchste Gipfel von São Miguel. 1982 wurde das Gebirge unter Naturschutz gestellt. Nur hier findet der *priôlo*, der Azorengimpel › S. 37, noch ausreichend Knospen und Samen, sodass er auch brütet. Daher darf der Berg nur mit Genehmigung bestiegen werden (erhältlich beim Serviço Florestal in Ponta Delgada, Rua do Contador 23, Tel. 296 286 288, sfpd@drrf.raa.pt). Das erste Stück kann man fahren; danach sind es noch 1,5 bis 2 Std. Fußmarsch zum Gipfel.

3 Gorreana 14

Eine der beiden letzten Teeplantagen Europas sind die ***Plantações de Chá Gorreana**. Inmitten grüner Teesträucher erhebt sich das Fabrikgebäude. Wie in einem

Die Teeplantagen von Gorreana

lebenden Museum entstehen hier jedes Jahr 35 bis 40 Tonnen Tee mit uralten Maschinen aus England. 1883 legte der aus Deutschland ausgewanderte Priester Christian J. Hintze den Grundstein. In der chemiefreien Pflanzung wird zwischen April und September gepflückt. Beim Auslesen der Blätter schafft eine Arbeitskraft knapp 4 kg am Tag (Tel. 296 442 349, www.gorreana.com; Mo–Fr 8–12, 13–17 Uhr).

Unweit östlich liegen die Orte **Lomba da Maia**, einst Zentrum des Tabakanbaus, und – ein wenig abseits der Regionalstraße an den Abhängen des Nordens – **Maia.**

Hotel

Solar de Lalém
Maia, Estr. de São Pedro
Tel. 296 442 004
www.solardelalem.com
Nostalgie und antikes Mobiliar im
Echt gut! **Adelssitz von 1687,** rundum idyllische Landschaft, deutsche Leitung. ●●

Ribeira Grande 15

Die zweitgrößte Stadt von São Miguel (10 000 Einw.) besitzt viel Charme. Der namengebende Fluss mit Wassermühlen wurde in den **Jardim Público,** eine zentral gelegene öffentliche Parkanlage, einbezogen. Rundum gruppieren sich Rathaus, Theater und die barocke Heiliggeistkirche. In der alten Fischmarkthalle dokumentiert das **Museu da Emigração Açoriana** die Auswanderung nach Amerika (Mo–Fr 8.30 bis 12.30, 13.30–16.30 Uhr; Eintritt frei).

Alljährlich am 29. Juni finden die *Cavalhadas de São Pedro* statt: In rote Umhänge gehüllt, reiten »Petrus« und seine Anhänger auf geschmückten Pferden durch die Gassen. Die aus dem Mittelalter überlieferten Turniere sind auf Azulejos in der **Câmara Municipal** (Rathaus) dargestellt (Besichtigung auf Anfrage).

Ribeira Seca, der westlich angrenzende Nachbarort besitzt mit dem **Fontenário** eine viel bestaunte Sehenswürdigkeit. Aus diesem Brunnen nahe der Kirche schöpften die frühen Siedler Wasser – bis zum Ausbruch des Vulkans Queimado 1563, dessen Lavastrom den Fontenário unter sich begrub. Erst vor einigen Jahrzehnten wurde der Brunnen bei Erdarbeiten wiederentdeckt.

Info

Posto de Turismo
am Jardim Público
Tel. 296 474 332
www.cm-ribeiragrande.pt
Mo–Fr 8.30–12.30, 13.30–16.30 Uhr.

Hotel

Encosta do Mar
Rua Antero de Quental
Tel. 296 470 610
www.encostadomar.com
Modernes Haus mit 18 freundlich eingerichteten Apartments für bis zu 5 Personen. Angeschlossen ist das Fischrestaurant Barco à Vela. ●●

Restaurant

Alabote Mar
Rua East Providence (Nähe Schwimmbad) Tel. 296 473 516
Der Schmortopf mit Wrackbarsch *(cataplana de cherne)* ist superb. Tgl. 12–2 Uhr. ●●—●●●

Shopping

Fábrica de Licores Mulher de Capote
Rua do Berquó 12
Tel. 296 472 831
http://mulherdecapote.pt.

Prämiert ist der Maracuja-Likör, den man hier im Rahmen einer Fabrikführung kostenlos probieren und in dekorativen Flaschen auch direkt erwerben kann. Mo–Sa 9–12, 13–18 Uhr.

Ausflüge ab Ribeira Grande

Caldeiras

Über **Ribeirinha** führt ein Abstecher in den nostalgischen Kurort **Caldeiras**. In dem Thermalbadehaus von 1811 kann man heiße Wannenbäder genießen (**›** S. 25). Oder man belässt es beim Blick in das kochend heiße, dampfendschwefelige Vulkanwasser, das im Steinbecken nebenan aufgefangen wird.

Restaurant:

Restaurante Caldeiras
beim Kurhaus
Tel. 296 472 244
Spezialität ist der in Erdwärme gegarte *cozido,* den man vorbestellen muss. Mo geschl. ●

Pico Barrosa

Von Ribeira Grande führt eine gute Straße nach Süden zum Aussichtsberg Pico Barrosa (947 m). Man passiert ein geothermisches Kraftwerk, aus dessen Rohren Dampf zischt. Ein kurzer Abstecher (5 km ab Ribeira Grande) führt zur **Caldeira Velha**. Heißes Wasser füllt mitten im Wald ein gemauertes Badebecken **›** S. 25. Die als Monumento Natural Regional (regionales Naturdenkmal) unter Schutz gestellte Anlage wirkt wiei ein Park mit gefassten Fumarolen, einem Picknickplatz und verschiedenen Infotafeln zur Geologie und zu der hier noch gut erhaltenen natürlichen Flora der Azoren.

1563 entstand der Vulkankrater, den heute die tintenblaue *Lagoa do Fogo ausfüllt, zu sehen vom Parkplatz am Kraterrand. Die Aussicht auf Meer und Kratersee zugleich ermöglicht der Gipfelparkplatz am Pico Barrosa.

Rabo de Peixe 16

Mit 7500 Einwohnern ist Rabo de Peixe (»Fischschwanz«) einer der größeren Orte auf São Miguel, wirkt aber kaum städtisch. Vielmehr handelt es sich um ein Fischerdorf, das zwar den größten Fischereihafen der Azoren und eine Tunfisch verarbeitende Fabrik besitzt, wo aber der Wohlstand in inselweiten Vergleich eher gering ist. Umso erstaunlicher, dass sich rings um Rabo de Peixe

ein Gürtel von Villenvierteln erstreckt, angefangen bei Santana im Osten bis hin nach Pico da Pedra bei Fenais da Luz. Herrschaftliche Anwesen verstecken sich in weitläufigen Parkanlagen, und bei **Pico da Pedra** befindet sich einer der beiden Golfplätze von São Miguel › S. 22.

Hotel

Quinta de Santana
Canada da Meca
Tel. 296 491 241
www.virtualazores.com/
quinta-santana
Stilvolles Landhaus: mit großem Obstgarten, Restaurant, Pool und Reitgelegenheit. Zimmer und Apartments.
●●

Restaurant

O Pescador
Rabo de Peixe (nahe Tunfischfabrik am östlichen Ortsrand)
Tel. 296 492 626
In einfachem Rahmen wird hier superfrischer Fisch serviert. So Ruhetag. ●

Unterwegs auf Santa Maria

Vila do Porto 1

Der Hauptort von Santa Maria (3000 Einw.) liegt auf einem schmalen Bergrücken. Kirchen, Restaurants, Läden und Büros reihen sich entlang der Durchgangsstraße. Abends werden die Gehsteige, die mit Muschel-, Delfin- und Karavellenornamenten

gepflastert sind, zur Flaniermeile. Auf das 15./16. Jh. geht die Stadtkirche **Nossa Senhora da Assunção** zurück, die an ihren Portalen Dekor im gotischen und Emanuelstil bewahrt hat. Bauten aus dem 17. Jh. sind das frühere Kloster **Santo António** und die **Igreja do Senhor dos Passos.** Vergoldete Schnitzereien und

Fliesen (17. Jh.) machen die **Igreja de Nossa Senhora da Vitória** sehenswert. Am Ende der Hauptstraße wacht seit dem 17. Jh. die Festung **Forte São Brás** über den Hafen.

Am nordwestlichen Ortsrand, Richtung Flughafen, steht der **Moinho de Vento do Ginjal,** eine funktionstüchtige Windmühle, wie sie früher überall auf Santa Maria standen. Wer sie von innen besichtigen möchte, kann Herrn Chaves (Rua da Lomba 9, Tel. 296 882 289) kontaktieren.

Hotels

■ Hotel Praia de Lobos
Rua M. Assunção
Tel. 296 882 286
www.hotelpraiadelobos.com
Geschmackvoller Neubau im azorianischen Stil mit großen, komfortablen und etwas plüschig im Retro-Look ein-gerichteten Zimmern. Ruhige Lage, Restaurant im Haus. ●●

■ Casa de Hóspedes Travassos
Rua Dr. Luís Bettencourt 108
Tel. 296 882 831
Mitten im Ort gelegen; fünf einfache Zimmer mit Etagen-WC. ●

Restaurants

■ A Canoa
Rua de Cotovelo
Tel. 296 882 691
Ausgezeichnete Fischgerichte in maritimem Ambiente. Di geschl. ●●

■ Atlântida
Rua Teófilo de Braga 71
Tel. 296 882 330
Traditionelle azorianische Küche mit Schwerpunkt Fischgerichte. ●●

Nightlife

Forte de São Brás
Szenecafé in der Festung über dem Hafen. Di–So 20–2 Uhr.

Highlights von Santa Maria Vila do Porto ▸ Praia ▸ Pico Alto ▸ Maia ▸ São Lourenço ▸ Santa Barbara ▸ Anjos ▸ São Pedro ▸ Vila do Porto

Der Norden von Santa Maria

Auf der kleinen Küstenebene von **Anjos** 2, 8 km nördlich von Vila do Porto, ging einst Kolumbus an Land, woran ein Bronzedenkmal erinnert. Gegenüber stehen ein Torbogen und Mauerwerk der **Ermida N. S. dos Anjos** aus der Zeit des Entdeckers. Daneben wurde 1883 zum 400. Jahrestag des prominenten Besuchs ein Nachbau errichtet. Am Hafen von Anjos lädt eine hübsche Badeanlage zum Verweilen ein, eine Bar offeriert Snacks.

Eine Ringstraße (ER 2-2a, ER 1-2a) ermöglich es, den zentralen Inselrücken per Auto in einem halben Tag zu umrunden. In **São Pedro** 3 wartet die gleichnamige schmucke Kirche aus dem 18. Jh. mit fein gemalten Azulejo-Bildern auf. Sie wurden von verschiedenen Familien gestiftet und stellen die 14 Kreuzwegstationen dar. Im Norden der Insel thront auf einem Hügel die Wallfahrtskirche **Ermida Nossa Senhora de Fátima** 4. 15-mal elf Stufen – für jede Perle des Rosenkranzes eine – sind zu überwinden, um durch ihre Fenster zu schauen oder die herrliche Aussicht genießen zu können.

Mitten im Hochland leuchten die weißen Häuser von **Santa Bárbara** 5. Einheitlich blaue Fenster- und Türstöcke geben dem Ort eine heitere Note, die durch die pfiffigen runden Kamine auf den Dächern noch unter-

strichen wird. Auch die Kirche aus dem 16. Jh. gibt sich mit rosafarbenen und hellblauen Seitenaltären farbenfroh.

Auf der Rückfahrt nach Vila do Porto lohnt ein Abstecher zum höchsten Berg der Insel, dem **Pico Alto** (587 m). Vom Cruz dos Picos, der Straßengabelung südlich des Gipfels, führt eine schmale Stichstraße hinauf. Oben eröffnet sich ein Panoramablick über die gesamte Insel. Alternativ lässt sich der Pico Alto auch erwandern (ab Cruz dos Picos hin und zurück insgesamt eine gute Stunde).

Restaurant

Rosa Alta
São Pedro
Tel. 296 884 990
Noch ein Geheimtipp, Regionalküche vom Feinsten. Mo geschl. ●●

*Praia 6

Kurz vor dem Ort, von Vila do Porto kommend, zeigt der **Miradouro da Macela,** was ein richtiger Aussichtspunkt ist. Tief unten zwischen sattem Grün liegen wie hingeworfen ein paar Häuser. Terrassen klettern die Hänge hinauf. Der Atlantik donnert gegen die Promenade. Auch die Mauern der Festungsruine **São João Baptista** (16. Jh.), neben der ein paar Kanonen vor sich hinrosten, versuchen der Brandung zu trotzen.

Unten in Praia, das verheißungsvoll auch Praia Formosa (»schöner Strand«) genannt wird, erzählt eine Bäuerin, dass schon Touristen verärgert abgefahren sind, da sie einen Sandstrand erwartet haben. Den kann es zwar geben, aber nur im Sommer, wenn der Atlantik Tonnen feinkörnigen Sandes anschwemmt – ideal zur Entspannung für die Gäste des internationalen Musikfestivals Maré de Agosto ❯ S. 42.

Hotel

Mar e Sol
Tel. 296 884 499
Kleines 3-Sterne-Aparthotel direkt am Strand; alle 10 Wohneinheiten haben zwei Stockwerke und Meerblick. ●

Restaurant

Praia Formosa
Praia Formosa
Tel. 296 884 965
»In«-Strandlokal mit lockerer Atmosphäre. Köstlich sind frischer Wrackbarsch oder Hähnchen mit Piri-Piri. Nur im Sommer. ●●

Der Südosten von Santa Maria

In einer schön geschwungenen Bucht an der Ostküste liegt *São Lourenço ⁊, wo man zumindest im Sommer verlässlich mit einem Sandstrand rechnen kann. Wie in einem großen Amphitheater ziehen sich Weinterrassen zwischen den wenigen Häusern hinunter bis an den Strand. Oberhalb, an der Straße nach Santo Espírito, bietet der **Miradouro do Espigão** den besten Überblick über die malerische Baía do São Lourenço.

In **Santo Espírito 8**, einem inseltypischen Dorf mit Windmüh-

len und barocker Pfarrkirche, informiert das **Museu de Santa Maria** über den Abbau von Ton, der früher auf andere Inseln exportiert wurde, sowie über die Heiliggeistfeste ❯ S. 42 und die Verarbeitung von Leinen und Flachs (Di–Fr 9–12, 14–17, Sa, So 14–17 Uhr; Eintritt 1,50 €).

Auf der Weiterfahrt zur Südostspitze von Santa Maria ist jeder Meter der Straße ein Aussichtspunkt, und aus 250 m Höhe über dem Meer gewinnen **Maia 9** und sein Leuchtturm Spielzeugformat.

Restaurant

O Ilheu
Praia de São Lourenço
Tel. 296 884 383
Einfaches Strandlokal, aber mit superfrischem Fisch. ●

Eine wahre Panoramastraße begleitet im Südosten die Küste

75

Terceira und Graciosa

Nicht verpassen!

- Ganz viele bunte Heiliggeisttempel fotografieren
- In geheimnisvolle Vulkanschlote eindringen, z.B. den Algar do Carvão auf Terceira oder die Caldeirinha auf Graciosa
- Ein Picknick am romantischen Bergsee Lagoa da Falca
- Den schweren Aperitifwein in Biscoitos oder auf Graciosa genießen

Zur Orientierung

Auf **Terceira** wird in den Sommermonaten oft und kräftig gefeiert. Bei den Heiliggeistfesten steht Stiertreiben durch die Dörfer auf dem Programm. Kulturell Interessierte kommen in der Hauptstadt **Angra do Heroísmo** auf ihre Kosten, die von der UNESCO zum Welterbe deklariert wurde. Für Naturbegeisterte gibt es einige Highlights in Form von Vulkanhöhlen und -schlunden, Fumarolen und Kraterseen zu besichtigen. Gebadet wird auf Terceira am langen Sandstrand von **Praia da Vitória** oder in natürlichen Brandungspools, speziell in **Biscoitos**. Dieser Fischer- und Weinbauernort eignet sich auch als Standort und lädt zum Reiten und Golfen ein. Praia da Vitória ist Durchgangsstation für Reisende, die per Fährschiff ankommen. Das schönere Ambiente sowie gute Hotels und Pensionen bietet Angra.

Das kleinere **Graciosa** wird meist zusammen mit Terceira besucht. Entweder genießt man ein paar Tage den winzigen Kurort **Carapacho** oder man wohnt im hübschen Hauptort **Santa Cruz** und unternimmt von dort aus einen Tagesausflug in die Vulkanlandschaft, die ebenso wie Terceira Schlote, Kraterkessel und Fumarolen zu bieten hat. Graciosa wurde 2007 von der UNESCO in die Liste der Biosphärenreservate aufgenommen.

Touren in der Region

Zwei-Insel-Tour

⊖ **8** **Angra do Heroísmo ›** São Mateus da Calheta › Ponta do Queimado › **Biscoitos ›** Furnas do Enxofre › Porto Judeu › São Sebastião › Praia da Vitória › Santa Cruz da Graciosa › Caldeirinha › Carapacho › Furna do Enxofre › Vila da Praia

Länge: 1 Woche; auf Terceira 112 km, auf Graciosa 31 km; Fährüberfahrt nach Graciosa 4 Std., Rückflug 20 Min.
Verkehrsmittel: Auf Terceira mit Mietwagen, auf Graciosa mit dem Taxi. Beachten Sie bei der Reiseplanung, dass die Fährverbindung Terceira–Graciosa auch im Sommer nicht täglich bedient wird.

In *****Angra do Heroísmo › S. 81** auf Terceira sollten Sie die Tour mit einer Stadtbesichtigung, Shopping und Einkehr im Café beginnen. Später bietet sich ein Spaziergang auf den dschungelartig überwucherten Aussichtsberg **Monte Brasil › S. 85** an. Angra bleibt zunächst Übernachtungsstandort. Am zweiten Tag geht es auf der Küstenstraße ER 1-1 in den Inselwesten. Schon nach wenigen Kilometern können Sie in **São Mateus da Calheta** › S. 90 Fischerhafenatmosphäre schnuppern. Kurz hinter Serreta stehen dann Abstecher in das Waldgebiet **Mata da Serreta** › S. 90 und zum Leuchtturm an der **Ponta do Queimado** auf dem Programm. Weiter geht die Fahrt nach ***Biscoitos** › S. 88, um sich in den beeindruckenden Lavapools ins kühle Nass zu wagen, am kleinen Hafen frische Meeresfrüchte zu genießen und das **Museu do Vinho** zu besuchen. Nun führt die Route nach Süden ins zentrale Hochland der Insel. Hier beeindrucken die Fumarolen ***Furnas do Enxofre** › S. 86 und der Vulkanschlot ***Algar do Carvão**. Abends kehren Sie nach Angra zurück. Am dritten Tag können Sie in aller Ruhe den lieblichen Küstenort **Porto Judeu** › S. 86 und die geschichtsträchtige Siedlung ***São Sebastião** erkunden und haben immer noch genug Zeit, um gegen Mittag in **Praia da Vitória** › S. 88 Quartier zu beziehen. Anschließend baden Sie am längsten Sandstrand der Insel und lunchen mit Meerblick. Am Nachmittag, wenn die Sonne weit im Westen steht, lohnt ein Abstecher ins Inselinnere zur ***Serra do Cume** › S. 88. Per Fährschiff geht es am vierten Tag zur Nachbarinsel *****Graciosa**. Am schönsten übernachten Sie in der Hauptstadt **Santa Cruz da Graciosa** › S. 92, dem Ausgangspunkt der Inselrundfahrt, die Sie am fünften Tag unternehmen. Diese führt zunächst zur **Caldeirinha** › S. 93, einem rätselhaften Vulkanschlot.

Der idyllische Badeort **Carapacho** › S. 94, wo Sie die Mittagszeit verbringen, verdankt sein Renommee einer Thermalquelle. Die ***Furna do Enxofre** › S. 94 ist ein weiterer Schlund mit Fumarolen und kochenden Quellen. Auf dem Rückweg nach Santa Cruz sollten Sie einen Halt in **Vila da Praia** › S. 93 einlegen, um die berühmten Queijadas (Käsekuchen) als Mitbringsel zu erwerben. Schließlich geht es per Flugzeug wieder nach Terceira.

Terceira

0 _____ 5 km

⊙—8 **Zwei-Insel-Tour** Angra do Heroísmo › São Mateus da Calheta › Ponta do Queimado › Biscoitos › Furnas do Enxofre › Porto Judeu › São

Terceiras bunteste Heiliggeisttempel

9 **Angra do Heroísmo** ›
Porto Judeu › **São Sebastião** ›
Biscoitos › **Altares** › **Santa**
Bárbara › **São Bartolomeu**

Länge: 1 Tag; 82 km
Verkehrsmittel: Mietwagen.

Für Fotofreaks ist diese Rundfahrt durch die liebliche Küstenlandschaft Terceiras ein »Muss«. Von ***Angra do Heroísmo** › S. 81

fährt man ostwärts nach **Porto Judeu** › S. 86 und *****São Sebastião** › S. 86, wo die schönsten Heiliggeisttempel des Südostens stehen. Anschließend geht es quer über die Insel, am Golfplatz von Queimadas vorbei und durch den netten Ort Agualva zur Nordküste. Dort bietet sich *****Biscoitos** › S. 88 für eine Mittags- und Badepause an, bevor im Inselwesten die nächsten attraktiven Heiliggeisttempel auf dem Programm stehen: in **Altares** › S. 90, **Santa**

Sebastião › Praia da Vitória › (Karte S. 94) Santa Cruz da Graciosa ›
Caldeirinha › Carapacho › Furna do Enxofre › Vila da Praia

9 **Terceiras bunteste Heiliggeisttempel** Angra do Heroísmo › Porto Judeu ›
São Sebastião › Biscoitos › Altares › Santa Bárbara › São Bartolomeu

Bárbara ❭ S. 90 und **São Bartolomeu** ❭ S. 91. Wer nun neugierig
geworden ist, wird auch in Angra
do Heroísmo fündig: Der blauweiße Império dos Inocentes da
Guarita in der Rua da Guarita
wurde 1901 zum Besuch von
König Carlos I. auf den Azoren
eingeweiht. Am Lugar do Outeiro
steht der wohl älteste Heiliggeisttempel Terceiras (von 1670) mit
Barockfassade.

Verkehrsmittel

■ **Flughafen:** In Terceira (TER)
liegt er bei Lajes im Nordosten
der Insel, 3 km von Praia da Vitória und 17 km von Angra entfernt (Busse nach Praia, Angra
und Biscoitos je ca. stdl.). Auf
Graciosa (GRW) liegt der Flughafen 1,5 km westlich der Hauptstadt Santa Cruz (keine Busanbindung, Taxi ca. 5 €). Die SATA
fliegt 1–2 mal tgl. zwischen den
beiden Inseln hin und her, von
Graciosa außerdem 1–2 mal tgl.
nach Ponta Delgada (São Miguel). Terceira ist mit allen Azoreninseln regelmäßig verbunden.
■ **Schiffsverbindungen:** Es gibt
auf Terceira zwei Fährhäfen. Personenfähren der Transmaçor fahren Mitte Juni–Mitte Sept. von
Angra 4-mal wöchentlich über
São Jorge und Pico nach Horta
(Faial). Von Praia da Vitória verkehren Autofähren der Atlântico
Line Ende April–Ende Sept nach
Graciosa 1–4 mal pro Woche
(direkt), auf die anderen Inseln
1–2 mal pro Woche (nach Flores
nur ab Mitte Juni). Auf Graciosa

geht es von Praia mit Atlântico
Line z.T. auf andere Inseln weiter
■ **Busse:** Terceira: Von Angra
nach Praia da Vitória Mo–Sa ca.
stdl., So 6 mal; von Angra nach
Biscoitos 2–6 mal tgl. über die
Küstenstraße ER 1-1 und 1 mal
tgl. über die Bergstraße ER 3-1;
von Praia nach Biscoitos 3–6 mal
tgl.; von Angra nach Porto Judeu
3–5 mal tgl.

Graciosa: Von Santa Cruz nach
Praia Mo–Fr 7 mal tgl., Sa 1 mal
tgl., nach Carapacho Do 3 mal
und Juli–Sept. Di u. Fr je 2 mal.

Wichtige Adressen

Offizielle Infobüros:
■ **Delegação de Turismo**
9700-066 Angra do Heroísmo,
Rua Direita 74, Tel. 295 213 393,
Mo–Fr 9–17.30, Sa 10–13 Uhr.
■ **Posto de Turismo**
9880-377 Santa Cruz da Graciosa,
Rua Castilho 7, Tel. 295 712 509,
Mo–Fr 9–12.30, 14–17 Uhr.

Büros der Fluggesellschaft SATA:
■ **Angra do Heroísmo**
Rua da Esperança 2,
Tel. 295 212 013,
am Flughafen: Tel. 295 540 047.
■ **Santa Cruz da Graciosa**
Rua Dr. João de Deus Vieira,
Tel. 295 712 456.

Büro der Fluggesellschaft TAP:
■ **Angra do Heroísmo**
Rua da Sé 144,
Tel. 707 213 141 (Information),
Tel. 707 205 700 (Reservierung).

Unterwegs auf Terceira

5 ***Angra do Heroísmo 1

Jahrhundertelang war Angra mit seinem geschützten Naturhafen als Zwischenstation auf der Fahrt über den Atlantik das wichtigste Zentrum der Azoren. Als Wegbereiter für das heutige Stadtbild erwies sich 1614 ein Erdbeben: Beim Wiederaufbau erhielt Angra einen geometrischen Grundriss im Stil der Renaissance. Stolze Kirchen und repräsentative Bürgerhäuser zeugen vom Wohlstand vergangener Zeiten. Zwar legte ein Erdbeben am Neujahrstag 1980 die ganze Pracht in Schutt und Asche. Doch mit enormem Einsatzwillen bauten die rund 18 000 Einwohner ihre Stadt im alten Stil wieder auf. Die UNESCO half dabei finanziell und erklärte Angra zum Welterbe der Menschheit. Rund zwei Stunden sollte man für einen Rundgang veranschlagen.

Auf der **Praça Velha** (offiziell Praça da Restauração) ist immer etwas los. Vom Straßencafé auf dem Platz beobachten Einheimische wie Touristen das Kommen und Gehen im Rathaus, dem **Paços do Concelho Ⓐ**. Nur wenige Meter weiter, im **Jardim Duque da Terceira**, erheben sich Palmen über Kakteen und Rosen. Niedrige Lavasteinmauern säumen die Treppen hinauf zum **Alto da Memória Ⓑ**. Ein Obelisk mit herrlichem Rundblick über Stadt und Insel ehrt dort König Pedro IV., der 1831 von Terceira aus seine Ansprüche auf den portugiesischen Thron gegen seinen Bruder Miguel durchsetzte. Seine Tochter Maria II. verlieh Angra deshalb den Beinamen do Heroísmo (»die Heldenhafte«).

An der Stelle des **Convento de São Francisco Ⓒ** stand früher eine Kapelle, in der Vasco da Gama seinen Bruder Paulo begrub. Heute beherbergt das einsti-

---

Touradas

Fast jede Gemeinde richtet in der Saison (1. Mai bis 15. Oktober) traditionell eine *tourada à corda* aus. Dieses unblutige Stiertreiben geht mindestens auf das 16. Jh. zurück. Einige Männer halten den Stier an einem langen Seil. Andere Tollkühne warten in Straßen und Gassen, in denen Fenster und Türen mit Brettern verbarrikadiert sind, mit Handtüchern und Regenschirmen ausgerüstet auf den Stier. Es gilt, dem Publikum kunstvolle *passes* (Figuren) zu zeigen. Normalerweise wird der Stier dabei nicht verletzt. Tierschützer haben daher bislang noch nicht protestiert. Die Tiere kommen nach der Tourada wieder auf die Weide und treten vielleicht schon eine Woche später beim nächsten Dorffest auf.

Der Jardim Duque da Terceira lädt zum Verweilen unter Palmen

ge Franziskanerkloster das **Museu de Angra do Heroísmo** mit Gemälden, Skulpturen, Mobiliar und Porzellan aus Kirchen und Palästen der Stadt sowie einer Sammlung alter Karten (Di–Fr 9.30–12, 14–17, Sa, So 14–17 Uhr; Eintritt 2,50 €).

1533 wurde die **Igreja Nossa Senhora da Conceição** errichtet. Besondere Stimmung erfüllt den schlichten Raum unter der hölzernen Kassettendecke, wenn sonntags feierliche Messgesänge erklingen (Mo–Sa 9.30–19, So 9–15 Uhr).

An den Klippen beim Frachthafen **Porto das Pipas** ragt das mächtige **Monumento da Costa** auf. Seine modernen Lavasteinreliefs erzählen die Geschichte Terceiras. Nebenan am alten Zollkai in der **Igreja da Misericórdia** nahm 1492 das erste Krankenhaus der Azoren seinen Betrieb auf (unregelmäßig geöff-

net). Bevor man sich einen Kaffee auf dem Platz davor gönnt, sollte man einmal um die wunderschöne Alfândega (Zollhaus) von 1853 herumlaufen. Restaurant und Bar in der **Marina** mit Aussichtsterrasse und gelegentlicher Livemusik sind ein Anziehungspunkt von Angra. Am Westrand der Bucht bietet der promenadenartige **Jardim dos Corte-Reais** einen wunderbaren Ausblick.

Angras Prachtstraße, die belebte **Rua Direita,** glänzt mit guten Geschäften und Souvenirläden. Die Nummern 111–121 markieren das wohl schönste Haus der Stadt, die **Casa do Conde Vila Flor** . Hier lebte António de Noronha, Graf von Terceira. Er befehligte die liberalen Truppen, die 1829 Praia da Vitória verteidigten ❯ S. 88. Die Casa bewahrt ihren altertümlichen Charme im Erdgeschoss in der Farmácia da Lisboa, einer nostalgischen Apotheke, und der Loja dos Linhos, die Tücher und Kleidung verkauft. Im ersten Stock lohnt ein Blick vom Balkon.

Das ehemalige Jesuitenkolleg ließ der erste Generalkapitän der Azoren 1776 zum **Palácio dos Capitães Generais**  umbauen. Die portugiesischen Könige Pedro IV. und Carlos I. nutzten das reich ausgestattete Gebäude 1831 bzw. 1901 als Residenz (Mo–Fr 14–17 Uhr; Eintritt frei).

Glockentürme mit blauweißen Spitzen sind der Blickfang der imposanten **Sé Catedral** (auch: Igreja do Santíssimo Salvador). Neben dem Eingang der Kathedrale erinnert ein Denkmal an den Besuch von Papst Johannes Paul II. im Jahr 1991. Im Inneren sehenswert sind die Verkleidung des linken Seitenaltars aus gehämmertem Silber sowie das indoportugiesische Notenpult aus Palisanderholz; beide aus dem 17. Jh. (tgl. 9.30–12, 13–16.30 Uhr).

Südlich der Sé verbirgt sich der **Palácio dos Bettencourts**. Über dem Portal prangt das Wappen der Familie Bettencourt. Im 15. Jh. stellte sie die Gouverneure der Kanaren. Heute beherbergt das Herrenhaus Stadtarchiv und Bibliothek. Die Azulejos der Eingangshalle halten Geschichtsszenen fest (Okt.–Juni Mo–Fr 9–19, Sa, So 9.30–12 Uhr; Juli bis Sept. Mo–Fr 9–17 Uhr, Sa, So geschl.).

Angra do Heroísmo

Ⓐ Paços do Concelho	Ⓓ Igreja Nossa Senhora da Conceição	Ⓗ Palácio dos Capitães Generais
Ⓑ Alto da Memória	Ⓔ Monumento da Costa	Ⓘ Sé Catedral
Ⓒ Convento de São Francisco	Ⓕ Igreja da Misericórdia	Ⓙ Palácio dos Bettencourts
	Ⓖ Casa do Conde Vila Flor	

Westwärts führt die Rua de São Pedro aus der Stadt hinaus. Sie erschließt das Touristenviertel von Angra mit zwei modernen Großhotels und der Felsbadeanlage am **Cais da Silveira.**

Info

Website der Stadt: **www.cm-ah.pt**

Hotels

■ **Pousada de Angra do Heroísmo**
Castelo de São Sebastião
Tel. 295 403 560
www.pousadas.pt
Edel wohnen im historischen Gemäuer: Die alte Hafenfestung wurde zu einem komfortablen Hotel umgebaut, das auch über seine bevorzugte Lage hinaus kaum Wünsche offen lässt. ●●●

■ **Terceira Mar Hotel**
Portões de São Pedro 1
Tel. 295 402 280
www.bensaude.pt

Nachts am Largo Prior do Crato

Modernes Komforthotel am Meer am Westrand der Stadt. ●●●

■ **Angra Garden Hotel**
Praça da Restauração
Tel. 295 206 600
www.investacor.com
Klassiker in zentraler Lage. Die Zimmer liegen nach hinten mit Blick über den Jardim Duque de Terceira. ●●●

■ **Quinta de São Carlos**
Caminho do Meio 38
Tel. 295 332 298
www.quintadesaocarlos.com
Über 200 Jahre alter Herrensitz mit allem Komfort. Riesiger Garten mit Pool, innenstadtnah. ●●●

■ **Hotel Beira Mar**
Largo Miguel Corte Real 1–5
Tel. 295 215 188
www.hotelbeiramar.com
Inseltypischer Barockpalast am Meer mit schmiedeeisernen Balkonen. Siehe auch Restaurants. ●●

■ **Quinta da Dotty**
Caminho do Meio 10
Tel. 295 331 505
dottys@web.de
Nahe der Badebucht Silveira. Großer Garten, familiär, deutsche Leitung. ●

■ **Residencial A Ilha**
Rua Direita 24
Tel. 295 628 180
Schönes Stadthaus, in der Belle Étage Balkon zur Fußgängerzone. Einfache, aber hübsche Zimmer. ●

Restaurants

■ **Casa da Roda**
Rua da Rocha 64
Tel. 295 206 060
Feine Meeresfrüchte, serviert auf einer Terrasse am Meer. So geschl. ●●●

■ **Beira Mar**
Largo Miguel Corte Real

Tel. 295 215 188
Im gleichnamigen Hotel; edel – Küche
wie Speisesaal, Terrasse zum Meer. ●●

■ **Casa do Peixe**
Estrada Gaspar Corte Real 30
Tel. 295 217 678
In der alten Fischmarkthalle; Speziali-
tät Fisch im Dachziegel. Di geschl. ●●

■ **O Pátio**
Largo Prior do Crato 5–7
Tel. 295 214 244
Besonders zu empfehlen ist hier *cherne*
(Wrackbarsch). So geschl. ●●

Açorbordados
Rua da Rocha 50
www.acorbordados.com
Verkaufsausstellung mit feinen Sticke-
reiarbeiten von Terceira.

Ausflüge ab Angra

Monte Brasil

Den schönsten Blick über Angra
do Heroísmo garantiert der 205 m
hohe Monte Brasil. Der Fußweg
hinauf (hin/zurück ca. 2 Std., nur
bis 21.15 Uhr zugänglich) führt
an der **Fortaleza de São João
Baptista** vorbei (tgl. 9.30–12.30,
14–18 Uhr). Das Fort entstand
während der spanischen Fremdherrschaft Ende des 16. Jhs. und
ist eine der mächtigsten Bastio-
nen, die die Spanier je bauten.
Zusammen mit dem Castelo de
São Sebastião auf der anderen Seite der Bucht sicherte das Bollwerk
die Seeseite der Stadt. An einer
Straßengabelung oberhalb der
Festung rechts gehen, dann ist der
steil aufwärts führende Fußweg
ausgeschildert. Auf dem Picknickgelände unterhalb der Berg-
kuppe wird am Wochenende
gegrillt. Rechts geht es zur Aus-
sichtsplattform, wo ein Säulen-
monument an die Entdeckung
Terceiras im Jahr 1432 erinnert.

*Quinta do Martelo

Auf dem zum Kulturzentrum
umgebauten Gutshof in São Francisco das Almas, ca. 5 km westlich
von Angra, erlebt man die Azoren
so wie sie früher waren. Einer der
für Terceira typischen Doppel-
schornsteine markiert das Haupt-
gebäude mit der Rezeption. Rundum gruppieren sich gut bestückte
volkskundliche Museumsräume
und mehrere traditionelle Werk-
stätten, u.a. eine Töpferei (*olaria*).
Auch das Hofgelände mit Ställen,
Dreschplatz, Brunnen und Zister-
nen sowie dem *escalão de milho*,
einem kegelförmigen Gestell zum
Trocknen und Lagern von Mais-
kolben, darf man erkunden. Im
Restaurant spielen jeden Sonntag-
und Dienstagabend Folkloremu-
siker auf, wenn *alcatra*, Maisbrot
und *vinho de cheiro* aufgetischt
werden. Die Küche legt Wert auf
die Verwendung von auf dem Hof
biologisch erzeugten Produkten
(Tel. 295 642 842, Mi Ruhetag,
●●–●●●). Infos: www.quintado-
martelo.com. Unterkunft ❯ S. 91.

Die Vulkanzone des
Inselinneren

Ein Gefühl dafür, wie nahe das
aktive Erdinnere ist, vermitteln
die Solfataren (Schwefelquellen)

*Furnas do Enxofre, etwa 10 km nördlich von Angra ziemlich genau in der Inselmitte gelegen. Aus Spalten und Ritzen im Boden quellen heiße Schwefeldämpfe mit beißendem Geruch. Das Gelände am Ende einer kurzen Stichstraße (Hinweisschild) ist frei zugänglich. Löchrige Pfade führen hindurch, festes Schuhwerk ist unabdingbar.

6 Nicht weit davon markiert ein Bergsteigermonument die Zufahrt zum *Algar do Carvão. Der 100 m tiefe, höhlenartige Vulkanschlot bekam den Namen »Kohlengrube«, weil sein Gestein porös und pechschwarz wie Steinkohle erscheint. Die spärliche Beleuchtung schafft eine geisterhafte Szenerie (16. April–31. Mai und 1.–31. Okt. tgl. 15–17.30, 1.–30. Juni und 1.–30. Sept. tgl. 14.30–17.45, 1. Juli bis 31. Aug. tgl. 14–18 Uhr; Anf. Nov.–Mitte April geschl.; Eintritt 3,50 €).

Mit 3 km Durchmesser und einem absolut ebenen Boden erstreckt sich südlich der Verbindungsstraße die heute grüne **Caldeira de Guilherme Moniz,** der älteste erhaltene Einsturzkrater von Terceira.

Die Südostküste

Im Osten von Angra durchquert die Küstenstraße vor Feteira aufgelassene Weinparzellen, ehe man **Porto Judeu 2** erreicht. Imposant in der Brandung stehen dort vor dem Ufer die **Ilhéus das Cabras,** zwei riesige Lavaklötze eines zerbrochenen Kraters. In Porto Judeu gibt es gleich drei Heiliggeisttempel. Der schönste, überaus bunte ist der **Império do Porto Judeu de Baixo** von 1916.

Wenig weiter östlich, über eine schmale Nebenstrecke entlang des Atlantiks zu erreichen, schwingt die **Baía da Salga** in zwei Landzungen aus. Der Wind biegt das Schilf im Naturschutzgebiet, Möwen kreischen. Die einladende Bucht selbst wartet mit Campingplatz (Tel. 295 905 451) und Meerwasserschwimmbad auf.

Hier landeten im Morgengrauen des 25. Juli 1581 mehr als 1000 spanische Soldaten mit zehn Segelschiffen, um den Thronanspruch von König Philipp II. von Spanien auf Terceira durchzusetzen. Mit Geschrei und Musketenschüssen jagten die Einwohner von Salga eine Meute von Stieren auf die Feinde und konnten sie damit in die Flucht schlagen. Zwei Jahre später wurde Terceira dennoch für die kommenden sechs Jahrzehnte dem spanischen Weltreich einverleibt.

In *São Sebastião **3** ist die älteste Kirche der Azoren zu besichtigen, Baubeginn war 1455. Wertvolle, allerdings restaurierungsbedürftige Fresken im Inneren zeigen die Heiligen Barbara, Martin und Maria Magdalena neben den winzig dargestellten Stifterfiguren in den Kostümen ihrer Zeit. In provozierender Nähe zur Kirche steht der wohl bekannteste **Império** Terceiras. Er ist fotogen bemalt mit Stilleben, die zeigen,

welche Speisen zum Heiliggeistfest serviert werden.

Baden und Picknick – dafür ist
Os Salgueiros  der passende
Haltepunkt. Eine große Terrasse
ist für Zelte hergerichtet (Juni–
Sept.; gratis). Recht turbulent geht
es wegen der besonders schönen
Lage im Sommer in der Meeres-
badeanlage des nahen **Porto Martins** zu, das zu einem richtigen
kleinen Ferienort geworden ist.

■ **Residencial Branco II**
Porto Martins, Estrada S. Margarida
Tel. 295 516 075
pmartins@residencialbranco.com
Recht neue, schlicht aber gut ausgestattete Pension in einem inseltypischen zweistöckigen Haus, nicht weit
vom Meeresschwimmbad. ●

Heiliggeisttempel von
São Bartolomeu

Heiliggeisttempel

Im Mittelpunkt der **Festas do Espírito Santo** (❯ S. 42) stehen kleine, bunte,
an Kapellen erinnernde Tempel *(impérios)*. Als Symbole tragen sie Taube und
Krone. Auf Terceira gibt es die meisten, etwa 60, von denen keiner dem
anderen gleicht. Gott soll im 13. Jh. der portugiesischen Königin Isabel im
Traum befohlen haben, eine Kirche zu Ehren des Heiligen Geistes zu bauen.
Am nächsten Morgen machte sie sich mit zwei Steinmetzen auf die Suche
nach einem geeigneten Ort. Als sie einen schönen Platz ausgewählt hatten,
bemerkten sie, dass die Grundmauern der Kirche bereits standen. Die zwei
Handwerker machten sich sofort ans Werk. Erfreut über den Fortschritt der
Arbeiten, schenkte die Königin am Abend beiden zum Dank eine Rose. In
den Händen der Männer verwandelten sich die Blumen jedoch in Goldmün-
zen. Bis heute wird Königin Isabel als Wohltäterin der Armen und Kranken
verehrt. Sie krönte um 1300 die ersten »Bauernkaiser« *(imperadores)*, die
während des Heiliggeistfestes Essen für die Armen besorgen mussten. Auf
dem Festland hielt sich dieser Brauch nur in wenigen Orten, auf den Azoren
jedoch ist er sehr lebendig geblieben. Inzwischen müssen nicht nur die
Armen, sondern das ganze Dorf oder der Stadtteil mit Essen und Trinken frei-
gehalten werden, wofür allerdings meist eine Bruderschaft aufkommt.

Restaurant

Boca Negra
Porto Judeu, Largo Santo António
Tel. 295 905 182
Kleines, inseltypisches Lokal. Spezialität: *alcatra de peixe* (Fischschmortopf). Mi. geschl. ●●

Praia da Vitória **6**

Vom Cabo da Praia reicht der längste Sandstrand der Insel 4 km weit bis zur alten Fischermole von Terceiras zweiter Stadt, Praia da Vitória (7000 Einw.). Hier trug sich 1829 eine große Seeschlacht zu, bei der die Anhänger des liberalen portugiesischen Thronfolgers Pedro IV. den entscheidenden Sieg über die Anhänger seines monarchistisch eingestellten Bruders Miguel errangen. Dieser hatte sich in Lissabon zum König ausrufen lassen, während Pedro als Regent von Brasilien abwesend war. Von Terceira aus organisierte Pedro 1831 die erfolgreiche Besetzung Portugals. Seitdem trägt Praia den Beinamen da Vitória (»die Siegreiche«). Eine Statue der Siegesgöttin auf dem Hauptplatz erinnert daran. Weiter oben thront die 1517 geweihte Igreja Matriz de Santa Cruz. Eine Treppe führt hinauf zum Kirchplatz.

Dank der Nähe zum Insel-Flughafen und der US-Militärbasis in Lajes geht es in Praia genauso lebhaft zu wie in der Hauptstadt Angra. Davon zeugen die quirlige Rua de Jesús und der stets gut besuchte Badestrand.

Hotel

Hotel Teresinha
Praceta Dr. Machado Pires 45
Tel. 295 540 060
www.hotelteresinha.net
Zweckmäßige Zimmer in ruhiger Lage. Der Garten lädt zum Sonnenbaden ein. ●

Restaurant

O Pescador
Rua Constantino J. Cardoso 11
Tel. 295 513 495
Muscheln, Wrackbarsch oder Stockfisch munden aus der *cataplana,* einer riesigen Deckelpfanne. So geschl. ●●–●●●

*Serra do Cume

Der langgestreckte, leicht gebogene Bergrücken der Serra do Cume (545 m) westlich von Praia gilt als Rest eines einstigen Riesenkraters. Der eher unspektakuläre eigentliche Gipfel kann per Auto umfahren werden. Beeindruckend ist der Blick Richtung Südwesten, in den »Kraterboden«. Das in allen Grüntönen schimmernde Gitternetz der dortigen Felder und Wiesen breitet sich im Hintergrund über sanfte Hänge bis hinab nach Angra aus.

*Biscoitos **7**

Unter Weinkennern hat sich der Ort im Norden Terceiras v.a. für seinen traditionellen honigfarbenen Süßwein einen Namen gemacht. Die Familie Brum serviert ihn im **Museu do Vinho**. Holzfässer mit dem Saft der auf

Lavaboden gereiften Trauben ruhen in der Adega, die der Groß-vater 1890 gründete (EN 3-1 Richtung Angra, Tel. 295 908 404; Sommer Di–So 10–12, 13–17.30 Uhr, Winter Di–So 10–12, 13–16.30 Uhr; Eintritt frei).

Unten an der Küste, bei der Ponta dos Biscoitos, landen Fischer ihren Fang an.

7 Gleich daneben lockt mit den **Piscinas Naturais** die wohl schönste Felsbadeanlage der Azoren ins kühle Nass (mit Bar, Umkleidekabinen und Duschen, › S. 25). Östlich vom Schwimmbad gibt es einen gut ausgestatteten Campingplatz (ca. Anfang Juni–Anfang Okt. geöffnet).

Im Museu do Vinho von Biscoitos

› S. 25

Hotel

Quinta do Rossio
Lugar do Rossio 20, Arrochela
Tel. 295 989 160
www.quintadorossio.com
Familiäres Landhaushotel in typischem, idyllisch gelegenem Gutshof 2 km außerhalb. Vier mit Originalmobiliar rustikal eingerichtete Zimmer, Reitgelegenheit. ●

Restaurant

Mariscos
Porto dos Biscoitos
Tel. 295 908 228
Fangfrische Fische und Meeresfrüchte aller Art. Mo geschl. ●–●●

Quatro Ribeiras

In dem kleinen Küstenort 4 km östlich von Biscoitos münden vier Flüsse (*quatro ribeiras*) ins Meer.

Weiter östlich, an der Landspitze Ponta das Quatro Ribeiras, sorgt eine idyllische Felsbadeanlage (*zona balnear*), derjenigen von Biscoitos ähnlich, aber weniger besucht, für Erfrischung. Ein Bach trieb hier früher hölzerne Mühlräder an, das Gemäuer der Wassermühle steht noch an Ort und Stelle. In den Sommermonaten öffnet ein einfaches Strandlokal. Einen netten Picknickplatz gibt es an der **Ponta da Furna,** der Landspitze zwischen Biscoitos und Quatro Ribeiras.

Die Kraterseen des Hochlands

Auf der Straße von Biscoitos nach Angra weist nach ca. 7 km ein Schild den Weg zur kleinen **Lagoa do Negro** ab, die rund 600 m hoch zwischen grünen, locker mit Wacholdergebüsch bewachsenen

Hängen liegt. Hier kann man picknicken und vor allem die **Gruta do Natal** (»Weihnachtshöhle«) besichtigen, einen knapp 700 m langen Vulkantunnel, der neben dem See beginnt. In der Grotte wird seit 1969 jedes Jahr zu Weihnachten eine katholische Messe abgehalten. Sogar Taufen und Hochzeiten finden an diesem ungewöhnlichen Ort statt (nur Juni-Sept. geöffnet; tgl. 14.45-17.45 Uhr; Eintritt 2 €).

Romantischer ist die mit Seerosen zugewachsene **Lagoa da Falca** an der Südostflanke der Serra de Santa Bárbara, in der Nähe des Pico das Duas (649 m) bei einer kleinen Kapelle. Am Ufer blühen im Sommer Agapanthus und Hortensien. Die mit Picknicktischen und Grillstellen bestückte Umgebung erinnert an einen Zauberwald.

Die Westküste

In **Altares** 🔟 wurde die Fassade des Heiliggeisttempels nicht bemalt, sondern von oben bis unten mit Fliesen verkleidet. Östlich des Ortes überragt der flache Aussichtsgipfel **Matias Simão** (153 m) die Felsküste, zu erkennen an einem Kreuz. Ein Fahrweg führt in seine Nähe, das restliche kurze Wegstück ist leicht zu Fuß zu bewältigen.

An der **Ponta do Raminho** sollte man einem weißen Pfeil bis zu einem weiß getünchten Häuschen folgen. Dort wiederholt sich (fast) jeden Abend, wenn die Sonne unter den Horizont sinkt, ein berauschendes Farbenspiel. 300 m weiter südlich weist eine gelbe Tafel den Pfad hinunter zum Meer. Wer lieber per Auto ans Ufer fahren möchte, folgt wenig weiter an der Asphaltstraße dem Fahrweg zum Leuchtturm an der **Ponta do Queimado**, einem bevorzugten Platz der einheimischen Angler.

Am Nordrand von **Serreta** 🔟 erblickt man gleich hinter den Brunnen und Bänken des dortigen Picknickplatzes den Zugang zu den Sicheltannen- und Eukalyptuswäldern des Naturparks **Mata de Serreta,** der sich am Fuß der Serra de Santa Bárbara erstreckt.

Der Ort **Santa Bárbara** 🔟 lohnt die Fahrt dorthin wegen eines wunderschönen Heiliggeisttempels von 1876. Die Rahmen seiner Fassade, der neugotischen Spitzbögen und der Fensterrosette sind gelb bemalt, ansonsten ist er in schlichtem Weiß gehalten. Auch hier wurde, wie so oft, ein provozierend naher Standort zur katholischen Pfarrkirche gewählt.

São Mateus da Calheta 🔟

Hier lässt sich der Rhythmus eines Fischerdorfs hautnah erleben. Am Hafen werden die Holzboote an Land gezogen, Angelhaken präpariert und Fische verkauft, bis die Männer nachts wieder aufs Meer hinausfahren.

Gegen die Invasion der Spanier wurde unweit westlich am **Porto**

Hafen von São Mateus da Calheta

Negrito im 16. Jh. die gleichnamige Festung errichtet. Heute belagern Scharen junger Vergnügungssuchender die Kneipen und Liegeplätze um das Naturschwimmbecken (Jugendherberge › S. 27).

Im etwas landeinwärts gelegenen Nachbarort **São Bartolomeu** ⓬ steht seit 1875 einer der schönsten Heiliggeisttempel Terceiras auf dem zentralen Largo Dr. Corte Real. Er zeichnet sich durch überreiche Stukkaturen, ein fein zieliertes schmiedeeisernes Gitter und die kontrastreiche blau-weiß-gelbe Bemalung aus.

Hotel

■ **Quinta do Martelo**
São Francisco das Almas
Canada do Martelo 24
Tel. 295 642 842
www.quintadomartelo.com
Der **idyllische Gutshof**, zu dem auch ein Kulturzentrum und ein Restaurant

gehören (› S. 85), ist von Orangenplantagen und Weinbergen umgeben. Gästezimmer im Landhausstil des 19. Jhs., Frühstück in einer traditionellen Küche mit offener Kochstelle, Kutschfahrten und Ausritte. ●●—●●●

■ **Casa do Pombal**
São Mateus da Catheta
Canada do Pombal 37
Tel. 962 673 310
www.casadopombal.com
Hübsche, familiär geführte Quinta für rustikales Wohnen. Vier nette Zimmer, Garten mit Panoramaterrasse und Meerblick, Reitgelegenheit und Fahrradverleih. Auf Vorbestellung werden die Gäste landestypisch bekocht.

●—●●

Restaurant

Beira Mar
Porto de São Mateus
Tel. 295 215 188
Hervorragender Fisch in einfachem Ambiente, Blick auf den Hafen. Tgl. geöffnet. ●●

Echt gut!

Unterwegs auf ***Graciosa

Santa Cruz da Graciosa ❶

In der gemütlichen Inselhaupt-
stadt (1800 Einw.) schließt man
an der **Praça Fontes Pereira de
Melo** schnell Bekanntschaft mit
Einheimischen. Die zwei großen
Becken, auf denen nun Enten
paddeln, versorgten früher die
Bewohner mit Wasser.

Hölzerne Weinpressen zeigt
das **Museu da Graciosa.** Außerdem gewinnt man dort einen Ein-
druck von der Wohnkultur früherer Generationen. Zum Museum
gehört ein Bootsschuppen, in dem
ein Walfängerboot von 1954 aus-
gestellt ist (Rua das Flores, Tel.
295 712 429; Mo–Fr 9–12.30, 14–
17.30, Sa, So 14–17 Uhr, Okt.–
April Sa, So geschl.; Eintritt 1 €).

Im Ostteil von Santa Cruz führt
ein ausgeschilderter Fahrweg den
Vulkan **Monte da Ajuda** (129 m)
hinauf, der sich auch für einen
einstündigen Spaziergang eignet.
Drei Einsiedlerkapellen stehen
am Kraterrand. Von der komplett
mit Azulejos ausgekleideten **Ermida N. S. da Ajuda** aus dem
16. Jh. (Schlüssel beim Pater der
Igreja Matriz de Santa Cruz) blickt
man auf Stadt und Bucht mit dem
alten Hafenkai **Cais da Barra.**

Hotel

Pensão Residencial Ilha Graciosa
Av. Mousinho de Albuquerque 49
Tel. 295 712 675
gracitur@grwonline.com
Klassisches Landhaus mit gepflegtem
Garten, Tennis. ●

Restaurants

■ **Apolo 80**
Rua Dom João IV
Tel. 295 712 660
Hier serviert man die Inselspezialität
peixe à molho de pescador – in einer
Weinessigsauce im Ofen geschmorter
Fisch. ●●

■ **A Coluna**
Largo Barão de Guadalupe
Tel. 295 712 333
Brasilianisch inspirierte Hausmanns-
kost; man isst wie in einer privaten
Wohnstube. So geschl. ●●

■ **Costa do Sol**
Largo da Calheta
Tel. 295 712 694
Inseltypisches Lokal in Hafennähe,
günstiger Mittagstisch. Tgl. geöffnet. ●

Shopping

Terra do Conde
**Av. Mousinho de Albuquerque (nahe
Residencial Ilha Graciosa)**
Tel. 295 712 192
Das bekannte Weingut lädt zu Probe
und Kauf von Rot- und Weißwein,
orangerotem Aperitifwein und klarem
aguardente ein. Mo–Fr 8–17 Uhr.

Der Inselwesten

Auf der ER 4 geht es nach **Ribeirinha** und weiter auf der ER 1
Richtung Süden auf den Gebirgs-

zug der Serra Branca zu. 2,5 km nach dem Ort biegt man links zu einem Windenergiepark ab. Diesem schräg gegenüber liegt der unergründlich tiefe Vulkanschlot der **Caldeirinha** **2**. Ihr Kraterrand ist mit 360 m die höchste Erhebung der Serra Branca.

Ein lohnendes Ziel an der äußersten Westspitze von Graciosa ist **Porto Afonso** **3**. Der sichere Ankerplatz in einer Felsbucht diente früher dem landeinwärts gelegenen Ort Vitória als Naturhafen. Heute liegen hier noch ein paar Fischerboote, der Fang ist aber zum Freizeitvergnügen geworden. Auch Angler sitzen häufig geduldig in den Küstenfelsen. Im Sommer eignet sich die Bucht recht gut zum Baden.

Vila da Praia (São Mateus) **4**

Die Stadt ist unter zwei Namen bekannt, was einige Verwirrung stiftet. Direkt vor der Uferstraße liegt ein sandiger Strand (*praia*), und die **Igreja de São Mateus** ist dem Ortspatron, dem hl. Matthäus, geweiht. In Vila da Praia befindet sich der Haupthafen der Insel, wo die Autofähren anlegen. In den Sommermonaten laufen Fischerboote zum der Stadt vorgelagerten **Ilhéu da Praia** aus (Überfahrt ca. 2 €). Das als Naturreservat ausgewiesene Felseiland ist vor allem für Birdwatcher interessant, da sich zahlreiche Seevogelarten dorthin zurückgezogen haben.

Windmühle auf Graciosa

Hotel

Fátima Barcelos
Travessa da Guia 40
Tel. 295 712 254
Drei Zimmer, sehr einfach, aber praktisch bei Ankunft mit der Fähre. ●

Shopping

Pastelaria Queijadas da Graciosa
Am nordwestlichen Ortseingang.
Die Backwarenfabrik hält im Direktverkauf die berühmten *queijadas* (kleine Käsekuchen) in Zwölferkartons bereit.

Ausflug zur Caldeira

Von Vila da Praia verläuft die ER 2 nach Süden in den landschaftlich reizvollsten Teil von Graciosa. Ein erster Abstecher führt von Santa Quitéria auf den **Morro Senhora da Saúde**. Der Gipfel mit Wallfahrtskapelle hält einen herrlichen Panoramablick bereit.

Unweit von Canada durchschneidet ein Tunnel den Kraterrand der Caldeira, die den ganzen Inselsüden einnimmt. Eine steinerne Wendeltreppe erschließt die 80 m hohe ***Furna do Enxofre**. In die Nase dringt der Geruch von Schwefel *(enxofre)*, dumpf blubbert ein Geysir in der Höhle. Echorufe verhallen im Halbdunkel über der 100 m tiefen Lagoa do Styx. Taschenlampe und festes Schuhwerk sind unerlässlich (Fr–Mi 11–16 Uhr). Von außen kann man die Caldeira auf einem 5 km langen, auf halber Höhe verlaufenden Panoramaweg erkunden.

Carapacho

Die ***Termas do Carapacho**, warme Quellen, die in ein wunderschönes altes Kurhaus geleitet werden, sind die große Attraktion des Ortes (❯ S. 25). Nebenan lockt ein Meerwasserpool in kühleres Wasser. Rundherum kann man sich in der Sonne aalen oder den Wellen zusehen, die in die felsige Bucht schwappen. Wem dieser Blick nicht spektakulär genug ist, sollte hinauf zum Leuchtturm an der Ponta da Restinga hoch auf einer Klippe fahren.

Hotels

■ **Quinta da Gabriele**
Tel./Fax 295 714 352
Der deutsche Journalist Horst Dressel vermietet zwei hübsche Ferienhäuser. Mindestaufenthalt 3 Tage. ●

■ **Santa Casa**
Tel. 295 712 115
Ferienhäuser für bis zu 4 Personen. Zu buchen über die Santa Casa da Misericórdia in Santa Cruz da Graciosa (Mo–Fr 9–12, 14–18 Uhr). ●

■ Außerdem gibt es in Carapacho einen **Campingplatz** (Tel. 295 712 959, Juni–Sept. geöffnet).

Restaurant

■ **Dolphin**
beim Campingplatz, Tel. 295 712 014
Angenehmes Terrassenlokal mit Atlantikblick, günstige Tagesgerichte. ●●

Zwei-Insel-Tour
(Karte S. 78) **Angra do Heroísmo** ❯ ... **Praia da Vitória** ❯ (Karte nebenstehend) **Santa Cruz da Graciosa** ❯ **Caldeirinha** ❯ **Carapacho** ❯ **Furna do Enxofre** ❯ **Vila da Praia**

Faial

Nicht verpassen!

- Hochseeseglerflair am Jachthafen von Horta genießen
- Durch die weiche Asche eines jungen Vulkans stapfen
- Schwindelerregende Tiefblicke von einer rauen Felsküste werfen
- An endlosen Hortensienhecken vorbei zum Inselgipfel hinauffahren

Zur Orientierung

Faial ist zunächst einmal die Hauptstadt **Horta.** Ihre internationale Atmosphäre, die sie dem berühmten Jachthafen verdankt, macht sie zur vielleicht lebendigsten Stadt der Azoren. In Kontrast dazu steht der ruhige Rest der Insel. Entlang der Ringstraße um die Insel reihen sich Bauerndörfer. Dahinter ziehen sich saftige Weiden, mit schwarz-weißem Rindvieh bestückt und von gewaltigen Hortensienhecken gesäumt, zur zentralen **Caldeira** hinauf. Ein jüngeres Zeichen vulkanischer Aktivität ist der **Vulcão dos Capelinhos,** der erst in den Jahren 1957/58 aus dem Meer stieg – bei der vorerst letzten Eruption auf den Azoren. Nach Faial kommt ein relativ junges Publi-

kum, das sich dem Segeln, Tauchen, Whalewatching oder Mountainbiking widmet.

Horta ist der zentrale Standort mit Hotels und Pensionen für verschiedene Ansprüche. Hier ist in den Hafenkneipen auch abends noch etwas los. Im Sommer wird **Praia do Almoxarife** zum Badeparadies. Mehrere kleine Landhotels für Individualisten verteilen sich über die ländlichen Gebiete.

Touren in der Region

Einmal rund um die Insel

> **⑩** Horta › Praia do Almoxarife › Ribeirinha › Cedros › Fajã › Vulcão dos Capelinhos › Varadouro › Caldeira › Jardim Botânico

> **Länge:** 1 Tag; 80 km
> **Verkehrsmittel:** Mietwagen oder Taxi.

Von ****Horta** › S. 99 windet sich eine Serpentinenstraße den Bergrücken des Monte da Espalamaca hinauf. Oben schauen Sie zurück zur Stadt und voraus nach **Praia do Almoxarife** › S. 105. In **Ribeirinha** › S. 106 lohnt ein Abstecher zum Leuchtturm. Bei **Salão** verweist ein Schild auf den Porto, einen wildromantischen Platz an der Steilküste. Nach Passieren des

Wer unter Segel in Horta einläuft, verewigt sich an der Kaimauer

hübschen Straßendorfs **Cedros** ❭ S. 106 folgen zwei Aussichtspunkte mit Blick über die wilde Nordküste. Zum **Strand von Fajã** ❭ S. 107 führt ein Abstecher hinab. Dann folgt als erster Höhepunkt der Tour der **✱✱Vulcão dos Capelinhos** ❭ S. 108. Anschließend legen Sie eine Mittagspause im Badeort **Varadouro** ❭ S. 109 mit Erfrischung im Naturschwimmbecken und Einkehr im Ausflugslokal Vista da Baía ein. Am Nachmittag steht die Auffahrt zur **✱Caldeira** ❭ S. 105 an, dem zentralen Riesenkrater. Letzter Besichtigungspunkt auf dem Weg zurück ist der **Jardim Botânico** ❭ S. 105, ein idyllischer Botanischer Garten unweit von Horta.

Zwei Vulkanwanderungen

━⑪━ **Horta** ❭ **Caldeira** ❭ **Cabeço da Fonte**

Länge: 2 Tage; Fahrstrecke/ Wanderzeit: 1. Tag: 24 km/ 3 Std.; 2.Tag: 32 km/2,5 Std. **Verkehrsmitel:** Mietwagen.

Die beiden Wanderwege erschließen landschaftliche Highlights von Faial, deren Entstehung dem Vukanismus zu verdanken ist. Die erste Tour widmet sich der **✱Caldeira** ❭ S. 105, an deren Rand ein Pfad mit Ausblicken wie aus der Flugzeugperspektive verläuft.

Am zweiten Tag steht die Umrundung des von üppiger Vegetation überwucherten **Cabeço da Fonte** ❭ S. 107 auf dem Programm, eines der jüngeren

Vulkane Faials, in gewisser Weise ein Vorläufer des Vulcão dos Capelinhos.

Route für Mountainbiker

━⑫━ **Horta** ❭ **Abegoaria** ❭ **Cabouco Velho** ❭ **Ribeirinha** ❭ **Pedro Miguel** ❭ **Praia do Almoxarife** ❭ **Horta**

Länge: 2–3 Std; 35 km **Verkehrsmittel:** Fahrräder können in Horta gemietet werden, z.B. bei Peter Café Sport (❭ S. 99)

Zunächst fahren Sie ab Horta über São João Richtung Caldeira. An der Abzweigung bei **Abegoaria** folgen Sie der ER 2-2a Richtung Norden. Bei **Cabouco Velho** beginnt der schönste Teil der Fahrt. Sie biegen dort in eine Piste ostwärts ein, die einem Höhenrücken mit Traumblick bis zur ER 1-1a bei **Ribeirinha** ❭ S. 106 folgt. In **Pedro Miguel** lenken Sie den Drahtesel auf die Estrada New Bedford und nutzen den Schwung in **Praia do Almoxarife** ❭ S. 105, um den Strand bis zum Ende abzufahren. Knapp 150 steile Höhenmeter müssen Sie am Ende überwinden, ehe Sie vom Monte da Espalamanca die Serpentinen nach Horta hinunterflitzen können.

Verkehrsmittel

■ **Flughafen:** Bei Faial, Horta (HOR), liegt er 8 km westlich der Stadt bei Castelo Branco (Bus nach Horta 2–5 mal tgl., Taxi ca. 10 €). Die SATA fliegt mehrmals täglich von Horta nach Ponta Delgada (São Miguel) und Terceira sowie ca. 1 mal tgl. nach Flores. Nach Pico und São Jorge gibt es keine direkten Flüge.

■ **Schiffsverbindungen:** Personenfähren von Transmaçor gibt es von Horta nach Madalena (Pico) im Sommer 6 mal tgl., im Winter 4 mal tgl. (Fahrzeit 20 bis 30 Min.). Mitte Juni–Mitte Sept. 2 mal tgl. (in der Vorsaison 2 mal pro Woche) bedient Transmaçor die Strecke Horta – Madalena – Cais do Pico – Velas (São Jorge) – Angra (Terceira).

Autofähren der Atlântico Line verkehren ab Horta zu den anderen Azoreninseln Ende April–Ende Sept. mehrmals pro Woche, nach Flores nur Mitte Juni–Ende Sept. 1 mal pro Woche

■ **Busse:** Von Horta nach Flamengos 2–4 mal tgl., nach Praia do Almoxarife 1–3 mal tgl. und nach Cedros 2–3 mal tgl.; außerdem (Abfahrt Rua Vasco da Gama) Richtung Flughafen/Castelo Branco 2–5 mal tgl. und nach Capelo/Praia do Norte 1–2 mal tgl.

Den Stadtverkehr innerhalb Hortas bedienen vier Minibuslinien den Stadtverkehr.

Faial

Ponta dos Cedros

Cascalho · Cedros
Canto
Porto do Salão
Baía da Ribeira das Cabras
Salão
Espalhafatos
Ponta dos Capelinhos · Norte Pequeno · Fajã
Miradouro das Cabras
Ribeira Funda
Cabouco Velho
Ponta da Ribeirinha
Vulcão dos Capelinhos
Praia do Norte
Ribeirinha
538
Comprido
Cabeço da Fonte
Alto da Pedreira
Porto da Boca da Ribeira
Cunto
Capelo
Ribeira do Cabo
573
Pedro Miguel
Arieiro
1043
Cabeço Gordo
Abegoaria
Praia do Almoxarife
Varadouro
SERRA DA FETEIRA
São João
Chão Frio
Casas da Junta
130
Monte da Espalamaca
Grota do Meio
Flamengos
Jardim Botânico
Castelo Branco
Santa Catarina
Portela
270 Monte Carneiro
Horta
Ponta de Castelo Branco
Feteira
Ponta Furada
145 Monte da Guia
Caldeirinhas
0   5 km

Canal do Faial
Pico S. Jorge

🔟 **Einmal rund um die Insel** Horta › Praia do Almoxarife › Ribeirinha › Cedros › Fajã › Vulcão dos Capelinhos › Varadouro › Caldeira › Jardim Botânico

⑪ **Zwei Vulkanwanderungen** Horta › Caldeira › Cabeço da Fonte

⑫ **Route für Mountainbiker** Horta › Abegoaria › Cabouco Velho › Ribeirinha › Pedro Miguel › Praia do Almoxarife › Horta

Wichtige Adressen

Offizielles Infobüro:
- **Posto de Turismo**
9900-017 Horta, Rua Vasco da Gama, Tel. 292 292 237 und 292 293 601; Mo–Fr 9–12.30, 14–17.30 Uhr.

Büros der Fluggesellschaft SATA:
- **Horta, Largo do Infante,**
Tel. 292 293 912;
am Flughafen: Tel. 292 943 111.

Büro der Fluggesellschaft TAP:
- **Horta,** Rua Vasco da Gama 28, Tel. 707 213 141 (Information), 707 205 700 (Reservierung); am Flughafen: Tel. 292 943 481.

Unterwegs auf Faial

Horta 1

Stärker als die anderen Azorenstädte lebt Horta (8000 Einw.) von und mit seinem Hafen. So beginnt auch fast jeder Besucher von hier aus die Stadt zu entdecken. Das **Castelo de Santa Cruz A** mit seinen efeuumrankten Zinnen, heute ein nobles Hotel (S. 104), wurde um 1567 erbaut, um Horta vor Angriffen französischer und englischer Korsaren zu schützen. Dennoch gelang es Sir Walter Raleigh, die Stadt 1597 zu plündern und zu brandschatzen. An die Nordmauer der Festung grenzt die baumbestandene **Praça do Infante**.

Während die Büste Heinrich des Seefahrers stadteinwärts blickt, schauen Touristen auf die Schwimmstege der beliebtesten **Marina** im Atlantik. Jede Jachtbesatzung verewigt sich durch eine bunte Malerei an der Hafenmauer um – wie es heißt – mögliches Unglück auf See abzuwenden. Man trifft sich in der **Bar da Marina** am Kai.

8 Eine Institution ist **Peter Café Sport B**. Einheimische und Segler sitzen einträchtig in dem urigen Lokal. Der Gin wird von Skippern als der beste zwischen der Karibik und Gibraltar gerühmt. Kein Wunder, ist dies doch im Umkreis von 1000 Seemeilen die einzige Kneipe, die sich um Segler, deren Post und Trinkwünsche kümmert. Wimpel und Flaggen baumeln von der Decke und verhüllen die alte Holztäfelung der Wände. Jahrzehntelang wurde das Lokal von dem legendären, 2005 verstorbenen »Peter« geführt, der eigentlich José Azevedo hieß. Ein englischer Kapitän hatte ihn im Zweiten Weltkrieg »umgetauft«, und dabei war es geblieben. Peters Sohn José Henrique führt inzwischen die populäre Hafenkneipe ganz im Sinne seines Vaters weiter (Rua Tenente Valadim 9, Tel.

»Peter Café Sport« ist im Umkreis von 1000 Meilen der Seglertreff

292 292 327, www.petercafesport. com; tgl. 8–24 Uhr). Einzigartig auf der Welt ist das **Scrimshaw Museum** im ersten Stock von Peter Café Sport. Die vielfältige Privatsammlung gravierter Walzähne **›** S. 41 wurde von der Familie Azevedo über Jahrzehnte hinweg zusammengetragen (Mo bis Sa 9.30–13, 14–18.30, So 9.30–13, 16–18.30 Uhr; Eintritt 1,50 €).

Ins Auge fällt südlich des Hafens die **Igreja Nossa Senhora das Angústias** **C**. Seit dem Erdbeben im Jahr 1998 ist sie allerdings baufällig, seit 2005 in Renovierung befindlich und bis auf weiteres geschlossen. Brites de Macedo, Frau des Legatskapitäns Josse van Hurtere und erste »First Lady« der Insel, hatte an dieser Stelle schon eine Kapelle erbauen lassen. Van Hurtere, dem Horta seinen Namen verdankt, war ein wohlhabender Flame und hatte sich, angelockt von angeblichen Silber- und Zinnvorkommen, Mitte des 15. Jhs. auf den Weg nach Faial gemacht. Bodenschätze gab es nicht, doch Getreide und *pastel* (Färberwaid, **›** S. 64) gediehen prächtig.

Die sandige **Praia do Porto Pim** ist Hortas Badestrand. Früher warfen unzählige amerikanische Walfangschoner im Naturhafen Porto Pim Anker. Sie bunkerten Vorräte und stockten die Mannschaft mit Ruderern und Harpunieren der Insel für die kleinen Fangboote auf. 1808 kam der spätere amerikanische Konsul John Dabney nach Faial und erbaute eine Fabrik zur Walverarbeitung am Ostrand des Strandes. Inzwischen wurde darin das **Museu Centro do Mar** **D** eingerichtet. Hier finden wechselnde Ausstellungen zu diversen Themen rund um das Meer statt. Im Shop gibt es T-Shirts – natürlich mit Meeresmotiven (nur im Sommer Sa, So 15–18 Uhr; Eintritt frei).

Nun lohnt ein kurzer Abstecher die Rua Cônsul Dabney hinauf in die **Colónia Alemã** **E**, die »Deutsche Siedlung«, mit den Anfang des 20. Jhs. erbauten Häusern der Deutsch-Atlantischen Telegraphengesellschaft (DAT). Seit 1893 verband das erste Telegrafen-Überseekabel Horta direkt mit Lissabon. Damit begann der Aufstieg Faials zum atlantischen Kommunikationszentrum. 1900 verlegte die DAT ein Kabel von der ostfriesischen Insel Borkum über Horta nach New York. Schon bald danach kreuzten sich die Kabel aus London, Paris und Washington in den Zentralen der verschiedenen internationalen Gesellschaften in Horta. Die Bedeutung der Kabel sank jedoch mit der Entwicklung von Telefon-, Radio- und Satellitenübertragungen. 1969 wurde die letzte Telegrafengesellschaft feierlich geschlossen. Die DAT musste Horta schon im Zweiten Weltkrieg verlassen. Heute sind in den Gebäuden Dienststellen der Regionalregierung untergebracht. Am ehemaligen Ballsaal lohnt ein Blick von außen auf die bunten Fensterscheiben mit den Wappen der deutschen Länder.

Die meist einfach **Rua Direita** (»gerade Straße«) genannte Rua

Horta

0 _____ 250 m

ATLANTISCHER OZEAN

- **A** Castelo de Santa Cruz
- **B** Peter Café Sport
- **C** Igreja Nossa Senhora das Angústias
- **D** Museu Centro do Mar
- **E** Colónia Alemã
- **F** Igreja de São Francisco
- **G** Matriz São Salvador
- **H** Mercado Municipal
- **U** Clube Sociedade Amor da Patria
- **J** Torre de Relógio

Karte
Seite 101

Conselheiro Medeiros mit ihren kolonialen Bauten und gusseisernen Balkonen lädt mit Souvenirläden, Fotogeschäften und Boutiquen zum Einkaufen ein. Von außen recht schlicht wirkt die **Igreja de São Francisco** 🅕. Das vergoldete Schnitzwerk sowie die Azulejos mit Bildern aus dem Leben des hl. Franziskus im Inneren sind nicht zu besichtigen, da die Kirche wegen Erdbebenschäden auf unbestimmte Zeit geschlossen ist.

Den Largo Duque de Avila e Bolama beherrscht die ab 1680 vom Jesuitenorden erbaute barocke Pfarrkirche **Matriz São Salvador** 🅖 (tgl. 17–19 Uhr). Mindestens so interessant wie Hochaltar, vergoldetes Chorgestühl und Silberarbeiten der Sakristei sind die Exponate des **Museu da Horta,** das nebenan im einstmals größten Jesuitenkolleg der Azoren untergebracht ist. Alte Fotos dokumentieren den Hafenbau und die Zeit der frühen Transatlantikflüge. Telegrafenkabel, die ehemals den Atlantik durchqueren, liegen hier auf dem Trockenen. Bemerkenswert sind die **Miniaturen von Euclides Rosa:** Er bildete Segelschiffe, Stadtlandschaften und Menschen mit Feigenbaummark originalgetreu nach (Palácio do Colégio; Mai bis Sept. Di–Fr 10–12, 14–17 Uhr, Sa, So 14–17 Uhr, Okt.–April Di–Fr 10–12.30, 14–17.30 Uhr, Sa, So 14–17.30 Uhr; Eintritt 2 €, So frei).

Die boutiquengesäumte Rua Serpa Pinto zieht mit ihren herrschaftlichen Kolonialhäusern weiter nach Norden und mündet in die **Praça da República**. Das knallige Rot des Konzertpavillons überstrahlt die gepflegten Blumenbeete zwischen hohen Arau-

---

Flug-Hafen

Etwas über 15 Stunden war Albert Read unterwegs, als er auf dem dem ersten Transatlantikflug vom amerikanischen Trepassey Bay am 22. Mai 1919 mit einer viermotorigen NC 4 der amerikanischen Marine im Atlantik vor Horta wasserte. Read flog weiter via Ponta Delgada und Lissabon bis nach Plymouth in Großbritannien. Zehn Jahre später landeten mit der zwölfmotorigen Dornier DO-X, dem damals größten Wasserflugzeug der Welt, bereits 70 Passagiere. 1930 schwebte Graf Zeppelin mit seiner »Zigarre« über die Stadt hinweg. 1933 parkte Charles Lindbergh im Auftrag der Pan American seine Lookheed Sirius im Hafen, um zu erkunden, ob Horta als Zwischenstation für Linienflüge tauglich war. 1936 bis 1938 realisierte die Lufthansa diese Idee mit Katapultstarts von den Schiffen »Schwabenland« und »Friesland«. Von 1939 bis 1945 verkehrten im Linienverkehr Boeing-314-Wasserflugzeuge der Pan American. Gegen Ende des Zweiten Weltkriegs, als auf Terceira und Santa Maria asphaltierte Landeplätze entstanden, kam das Aus für den Flug-Hafen vor Horta.

An der Praça da República setzt der rot lackierte Pavillon einen farbigen Akzent

karien. Aus dem nahen **Mercado Municipal** hallen die Verkaufsgespräche der Markthändler (Mo–Fr 7–15, Sa 7–13 Uhr). Am höher gelegenen Platzende fällt die Art-déco-Architektur der 1930er-Jahre des **Clube Sociedade Amor da Patria** ins Auge – von einer Hortensienbordüre umrankt. Eine mächtige Freitreppe führt zu den eleganten Konzert- und Gesellschaftsräumen des einflussreichen Männerklubs.

Neben so viel Pomp geht der **Império dos Nobres** fast unter, einer der ältesten erhaltenen Heiliggeisttempel der Azoren. Er wurde Ende des 18. Jhs. in Erinnerung an die schweren Eruptionen errichtet, die den Nordwesten Faials 1672 erschütterten. Die Vulkanausbrüche wurden von den Azorianern als himmlisches Zeichen aufgefasst, das zur Wiederbelebung der schon beinahe in Vergessenheit geratenen Heiliggeistfeste (> S. 42) führte.

Weiter nördlich steht an der Rua de São João die **Torre de Relógio** . Der alte Uhrturm blieb von der früheren Pfarrkirche (18. Jh.) erhalten. Nebenan lädt der hübsche **Jardim de Florêncio Terra** zur Rast ein. Die 1883 entstandenen Marmorskulpturen am zentralen Teich symbolisieren die Jahreszeiten. Schatten spenden dem kleinen Park gewaltige Drachenbäume, deren Kronen zusammengewachsen sind.

Info

Website der Stadt:
www.cmhorta.pt

Hotels

■ **Hotel do Canal**
Largo Dr. Manuel Arriaga
Tel. 292 202 120
www.bensaude.pt

Günstige Lage am Hafen, gutes Fitness- und Wellnessangebot (allerdings ohne Pool), 97 moderne Zimmer. ●●●

■ **Fayal Resort Hotel**
Rua Cônsul Dabney
Tel. 292 207 400
www.investacor.com
Im Grünen über der Stadt gelegene, weitläufige Anlage mit sehr schönem Ausblick. Außen- und Innenpool, Jacuzzi, Sauna. ●●●

■ **Pousada Santa Cruz**
Rua Vasco da Gama
Tel. 292 202 200
www.pousadas.pt
In der historischen Festung Castelo de Santa Cruz (❯ S. 99) gelegen; 26 Zimmer und Suiten mit hohem Standard, Außenpool. ●●●

■ **Residencial São Francisco**
Rua Cons. Medeiros 13
Tel. 292 200 980
www.residencialsfrancisco.com
Zimmer mit Meerblick wählen! Den Frühstücksraum zieren blauweiße Azulejos. ●●

■ **Residência Neves**
Rua Commendador Macedo 7
Tel. 292 292 564
www.residencianeves.com
Klassisches portugiesisches Interieur mit viel dunklem Holz. Besonders schön ist das Dachzimmer mit Gaube; ruhig. ●

Restaurants

■ **O Barão**
Alameda Barão de Roches 21
Tel. 292 292 124
Bei einheimischen Geschäftsleuten sehr beliebt. So, Mo geschl. ●●●

■ **Canto da Doca**
Rua Nova d. Angústias
Tel. 292 292 444

Fleisch, Fisch und Meeresfrüchte gart man selbst auf dem »heißen Stein«. Nur die Beilagen kommen aus der Küche. Tgl. geöffnet. ●●

■ **O Capote**
Avenida Marginal
Tel. 292 293 295
Huhn, Fisch, Fleisch vom Holzkohlegrill, Panoramablick über den »Canal« zum Vulkankegel des Pico. Tgl. geöffnet. ●●

■ **Quebra Mar**
Avenida Marginal
Tel. 292 292 458
Geräumiges Szene-Lokal, stets gut besucht – kein Wunder bei der hervorragenden Küche und dem schönen Blick auf Pico aus der ersten Etage. Di geschl. ●—●●

Ausflüge ab Horta

Monte da Guia

Für einen Blick über Horta und zu den Nachbarinseln Pico und São Jorge lohnt ein Spaziergang (1 Std.) in das Landschaftsschutzgebiet des Monte da Guia (150 m). Von der Terrasse der Einsiedlerkapelle schaut man hinunter in die *caldeirinhas*, zwei mit schäumendem Meerwasser gefüllten Vulkankratern.

Feteira

Bei diesem Abstecher in den hübschen Fischerort an der Südküste sollten Sie nicht nur den kleinen Hafen und die Igreja Nossa Senhora de Lourdes besichtigen, sondern auch im Restaurant Salgueirinha (am Fischerhafen, Tel. 292 943 553, täglich geöffnet ●●)

einkehren. Frischer Fisch und Meeresfrüchte werden hier auf massiven Holztischen serviert. Unterwegs lohnt sich ein Halt an der **Ponta Furada.** Der wilde Küstenabschnitt wird gern von Anglern aufgesucht.

Monte Carneiro

Ein schöner Spaziergang führt über die Canada das Dutras in 45 Min. zum Miradouro auf dem Monte Carneiro, 270 m über der Stadt, wo man mit einem herrlichen Ausblick auf den Pico belohnt wird.

Jardim Botânico

Einen Besuch des 2 km von Horta entfernten, liebevoll gepflegten Botanischen Gartens an der nördlichen Straße nach Flamengos sollte man sich nicht entgehen lassen. Der Garten gibt einen Überblick über die endemischen Gewächse der Azoren (Juni–Sept. Mo–Fr 9–19, Sa, So 10–13, 14–17.30 Uhr, Okt.–Mai Mo–Fr 9–12.30, 14–17.30 Uhr, Sa, So geschl.; Eintritt frei).

✗ *Caldeira

Am fruchtbaren Tal von Flamengos vorbei und über São João geht es an grünen Wiesen und – im Juli/August blauen – Hortensienhecken vorbei zum Gipfelparkplatz. Von dort genügen wenige Schritte durch einen Fußgängertunnel, und die Sicht in die 2 km breite Caldeira ist frei. 400 m steigen die Felswände vom Kraterboden empor. Die Umrundung der Caldeira in ca. 3 Std. ist möglich.

400 m steigen die Wände der Caldeira vom Kraterboden auf

Gegen den Uhrzeigersinn erfolgen die ersten zwei Drittel davon auf einem schmalen Pfad, der eine gewisse Schwindelfreiheit und Trittsicherheit erfordert. Schließlich wird ein Fahrweg erreicht, der zum höchsten Punkt, dem **Cabeço Gordo** (1043 m) führt. Von dort geht es auf einem recht bequemen Fußweg zurück zum Parkplatz.

Info

Posto de Turismo
São João (an der Straße zur Caldeira) Juni–Okt. tgl. 10–17.30 Uhr. Auch Verkauf von Kunsthandwerk.

Praia do Almoxarife ➋   *Inselrundfahr*

Der **Monte da Espalamaca** (130 m), ein schmaler, zum Meer hin über schroffer Steilküste auslaufender Bergrücken, trennt Horta von Praia do Almoxarife. Von einem Miradouro blickt man in beide Richtungen. Praia do

Almoxarife ist Faials Bade-paradies schlechthin – allerdings nur im Sommer bei ruhiger See. Im Winter rollt meist eine hohe Brandung an. Eine Promenade begleitet den dunklen Sandstrand, den längsten der Insel. Nördlich schließt die schmucke kleine **Praia dos Ingleses** an.

Hotel

Vila Bélgica
Lomba, Estrada da Caldera
Tel. 292 392 614
www.azoresvilabelgica.com
Idyllisch mit Blick auf Pico. Leihräder, Shuttle-Service nach Horta. ●●

Restaurant

Cavalo Marinho
Largo Coronel Silva Leal 8
Tel. 292 949 550
Der Kölner Henry Boysen kocht inter-national: Pasta mit frischen Kräutern, asiatische Currys, ungarisches Gulasch. Tgl. ab 19 Uhr. ●●

⤸ Ribeirinha 🔳

Der Nordosten von Faial mit den Orten Pedro Miguel und Ribei-rinha war von dem Erdbeben 1998 besonders stark betroffen. Kaum eines der kleinen alten Steinhäuser blieb stehen. Die Bewohner leben heute in Neubau-ten. Von den seismischen Erschüt-terungen verschont blieb der **Por-to da Boca da Ribeira,** ein uriger Fischerhafen mit Seemannskapel-le. Zu erreichen ist er von Ribei-rinha auf dem Caminho do Porto. Neben dem Hafen kann man an einem felsigen Strand baden.

Am Heiliggeisttempel von Ribeirinha beginnt der Fußweg (1 km) zum ehemaligen Leucht-turm (*farol*) an der **Ponta da Ribeirinha.** Er ist seit dem Erdbe-ben außer Betrieb. Meer, Weiden und in der Ferne die Insel Gracio-sa liegen den Besuchern zu Füßen. Der Leuchtturm ist auch per Auto erreichbar, über eine schmale Höhenstraße am Meer entlang ab Espalhafatos.

Restaurant

Pôr do Sol
Espalhafatos, Caminho da Arramada
Tel. 292 946 698
Das am Wochenende gut besuchte Lokal ist bekannt für gute Fischgerich-te. So Ruhetag. ●●

⤸ Cedros 🔳

Das lang gezogene Straßendorf liegt hoch über dem Meer. Der **Núcleo Etnográfico** zeigt Gerät-schaften traditioneller Landwirt-schaft und Handwerkskunst (Ortsmitte, Schlüssel 50 m weiter in der Casa do Povo). Bei der Molkerei an der Hauptstraße zweigt ein Erdweg zur **Vigia dos Cedros** ab (10 Gehminuten), einem einstigen Walbeobach-tungsposten auf der Ponta dos Cedros (Anmeldung: Sociedade Baleia à Vista, Rua Ten. Valadim, Horta, Tel. 292 292 327).

Hotel

Casa do Capitão
Rua do Capitão 5
Tel. 292 946 106
www.casadocapitao.net

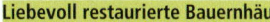

Liebevoll restaurierte Bauernhäuser, familiär geführt; man spricht Deutsch. Geöffnet 15.6.–15.9. und 15.12.–15.2. ●●

Restaurant

O Esconderijo
Rua Joan Alves 3
Tel. 292 946 505
In einem renovierten Bauernhaus serviert ein Schweizer vorzügliche Steaks und Pasta. Mi–So abends, im Sommer auch So mittags. ●●

Ausflug zum Strand von Fajã

Lavastrand von Fajã

Die ER1-1a windet sich von Cedros westwärts zur **Capela Nossa Senhora da Fátima.** Kurz darauf ist der Aussichtsplatz bei **Ribeira Funda** 5 mit Meerblick über das gleichnamige Tal hinweg erreicht. Ein noch grandioserer Blick in die Baia da Ribeira das Cabras und zum schwarzen Sandstrand von Fajã eröffnet sich am **Miradouro das Cabras,** wo ein Picknickplatz mit Tischen, Bänken und Grillstelle zur Rast einlädt. In **Praia do Norte** 6 steht die Kirche Nossa Senhora das Dores, die nach dem Vulkanausbruch von 1672 wieder aufgebaut wurde. Die verlassene Gegend westlich des Ortes heißt *Zona do Mistério,* denn für die Bevölkerung waren die frischen Lavaströme früher eine Welt voller Geheimnisse. Eine Stichstraße führt durch dieses waldreiche Gebiet zu der Sommerhaussiedlung **Fajã.**

Hier befindet sich zwar einen der schönsten Strände Faials. Wegen der Sogwirkung sollte man an der grobkiesigen, dunklen Praia aber nur bei auflaufendem Wasser und auch dann mit äußerster Vorsicht baden.

Capelo 7

In **Capelo** werden Produkte der örtlichen Kunsthandwerker im Artesanato präsentiert und verkauft (an der Hauptstraße, Tel. 292 945 027). Ambitionierte Wanderer finden am Ortsrand, nahe der Straße nach Praia do Norte, den Einstieg in einen ausgeschilderten »Walking Trail«, der in etwa 2 1/2 Std. durch das bewaldete Vulkangebiet rund um den **Cabeço da Fonte** (488 m) führt. An der ersten Gabelung geht es links, an einer Abzweigung rechts. Später folgt man dem Schild »Caldeirão« und passiert nach steilem Abstieg den gleichnamigen Vulkankessel. Auf einer Piste hält man sich rechts und gelangt im Bogen zurück zum Ausgangspunkt.

9 **Vulcão dos Capelinhos

1957/58 wuchs die Insel Faial durch den untermeerischen Ausbruch des Vulcão dos Capelinhos im Westen um 1 km². Der 1903 erbaute Leuchtturm bei Porto do Comprido steht deshalb nicht mehr an der Küste, sondern teilweise verschüttet am Rand einer hellgrauen Aschewüste. Er wird jetzt zu einem Besucherzentrum ausgebaut. Inzwischen informiert noch der kleine **Núcleo Museológico dos Capelinhos** mit eindrucksvollen Fotos über den Ausbruch (Rua do Canto, Di–Fr 10–12.30, 14–17.30, Sa, So 14–17.30 Uhr; Eintritt 2 €; Ticket gilt auch für das Museu da Horta,

---

Chronik des Vulkanausbruchs von 1957/58

■ **16. September 1957:** Erdbeben Stärke 5 (Mercalli-Skala), erst im Osten von Faial, später auch im Westen. Mehr als 200 Erdstöße sind wahrnehmbar.

■ **23. September 1957:** Vor dem Leuchtturm von Capelinhos beginnt der Atlantik zu kochen. Drei Tage später steigen Schlammfontänen bis in 1400 m Höhe aus dem Wasser, heiße Dampfwolken sogar bis 4000 m. Die Bewohner der umliegenden Dörfer werden evakuiert.

■ **13. Oktober 1957:** Die Heftigkeit der Ausbrüche lässt nach. Weite Teile des Inselwestens sind unter einer bis zu eineinhalb Meter dicken Ascheschicht begraben, und vor der Westspitze ist eine kleine Insel entstanden. Sie wächst am 12. November mit der Hauptinsel zusammen.

■ **16. Dezember 1957:** Erstmals wirft der Vulkan auch Lava aus. In den Folgemonaten kommt es zu weiteren Asche- und Schlackeneruptionen.

■ **12. Mai 1958:** Ein Erdbeben der Stärke 10 zerstört über 500 Häuser. Hunderte von Nachbeben sind z.T. auch auf Pico und São Jorge spürbar.

■ **14. Mai 1958:** Aus der Caldeira von Faial dringen Schwefeldämpfe. Panische Angst bricht auf der Insel aus, doch nach ein paar Tagen beruhigt sich die Caldeira wieder. Dafür verstärken sich die Eruptionen vor der Westspitze.

■ **2. September 1958:** Die USA genehmigen 1500 Visa für die Einwanderung von Landwirten aus Faial, deren Äcker durch den Vulkanausbruch unbrauchbar geworden sind.

■ **21. Oktober 1958:** Der letzte Lavastrom ergießt sich aus dem Vulkan. Am 24. Oktober wird der letzte Schlackenauswurf registriert.

■ **25. Oktober 1958:** Der Ausbruch ist zu Ende. Zwei kleine Felseilande sind unter der neu entstandenen Landspitze verschwunden. Das Meer beginnt, den jungen Vulkan zurückzuerobern, von dem heute nur noch ein Drittel der ursprünglichen Masse erhalten ist.

› S. 102). Den 127 m hohen Vulkan kann man auf einem deutlich erkennbaren Pfad besteigen, der links unten am Meer beginnt.

⚠️ Auf keinen Fall sollte man sich den Steilabbrüchen am Rand zu sehr nähern, sie sind abrutschgefährdet. Während der Brutzeit der Seevögel (etwa Mai–Juli) bitten Naturschützer, die unmittelbare Gipfelregion sogar ganz zu meiden (www.vulcaodoscapelinhos.org).

Hotel

Casal do Vulcão
Capelo
Tel. 292 945 057
www.casaldovulcao.com
Nette kleine Apartmentanlage im traditionellen Inselstil. Es werden auch Ausritte per Esel organisiert. ●●

Die Ponta dos Capelinhos

Varadouro 8

Im Badeort Varadouro fügen sich Wochenendhäuser, Restaurants, Naturschwimmbecken und das altertümliche Thermalbadehaus zu einem netten Ensemble zusammen. Seit dem Erdbeben von 1998 ist letzteres allerdings geschlossen. Beim oberhalb an der ER 1-1a gelegenen **Arieiro** erholen sich die Inselbewohner an Wochenenden in einem Forstpark.

Restaurant

Vista da Baia
Rua Ten. Simas
Tel. 292 945 140
Würzige Grillhähnchen. Sehr beliebtes Ausflugsziel. Im Sommer tgl. geöffnet, im Winter nur Sa, So. ●●

Castelo Branco 9

Der kleine Ort in der Nähe des Inselflughafens verdankt seinen Namen (»weißes Schloss«) einem markanten Felsklotz am Meer. Er besteht aus Rhyolith, einem sehr hellen Vulkangestein, und entstand bei einer untermeerischen Eruption in prähistorischer Zeit, die sich ähnlich wie der Ausbruch des Vulcão dos Capelinhos abgespielt haben dürfte.

Hotel

Quinta das Buganvílias
Rua do Jogo 60
Tel. 292 943 255
www.quintadasbuganvilias.com
Gutsanlage inmitten eines Obstgartens, Zimmer im Haupthaus, Ferienwohnungen in Nebengebäuden. ●●

Pico

Nicht verpassen!

- Das feine Mosaik von Rebstöcken und Lavamauern mit Auge und Linse erfassen
- Auf einen der höchsten Gipfel im Atlantik steigen
- Wale und Delfine vom Schlauchboot aus beobachten
- Mit Kunsthandwerkern über ihre filigranen Arbeiten plaudern

Zur Orientierung

Der Pico (2351 m) dominiert die gleichnamige Insel und ist zugleich Portugals höchster Berg. Zu Füßen des Vulkankegels erstreckt sich von Wacholdergebüsch überzogenes Hochland mit einsamen Kraterseen. An der flachen Felsküste verteilen sich zwischen einem Mosaik von Weingärten die beschaulichen Dörfer. Pico wird gerne von Wanderern aufgesucht. Auch für Walbeobachtung ist die Insel berühmt. Baden steht nicht im Vordergrund, es gibt aber schöne Felsbadeplätze und Strandbuchten.

Die meisten Besucher übernachten im Hauptort Madalena. Whalewatcher stationieren sich am besten in oder bei Lajes. Für längere, geruhsame Aufenthalte eignet sich Piedade ganz im Osten. São Roque ist Standort für Wanderer oder Sprungbrett für die Fährüberfahrt nach São Jorge.

Touren in der Region

Inselrundfahrt komplett

> ⑬ **Madalena** › **São Mateus** › **São João** › **Lagoa do Capitão** › **Lagoa do Caiado** › **Lajes do Pico** › **Piedade** › **Santo Amaro** › **São Roque do Pico** › **Zona de Adegas** › **Museu do Vinho**

Länge: 2 Tage; 126 km
Verkehrsmittel: Den Wagen mieten Sie sich in Madalena, übernachtet wird unterwegs in Piedade.

Start und Ziel ist die Inselhauptstadt **Madalena** › S. 114. An der Küste entlang fahren Sie unterhalb der beeindruckenden, von dunklen Lavaströmen durchzogenen Südflanke des Pico. Nach 12 km ist **São Mateus** › S. 118 erreicht, das Dorf der Kunsthandwerker. Etwa die gleiche Strecke legt man dann nach **São João** › S. 118 zurück, wo leckerer Käse hergestellt wird.

Ein Abstecher ins Hochland führt nun zu den stillen Kraterseen **Lagoa do Capitão** › S. 122 und ***Lagoa do Caiado** › S. 122. Dann steht **Lajes do Pico** › S. 119 auf dem Programm, mit Lunch und einem Besuch im Walmuseum. Die geruhsame Weiterfahrt durch liebliche Küstendörfer endet abends in **Piedade** › S. 120.

Aussichtsreich ist am nächsten Tag die Straße an der Nordküste. Der Besuch in **Santo Amaro** › S. 121 steht wiederum ganz im Zeichen des Kunsthandwerks. Gegen Mittag ist **São Roque do Pico** › S. 122 erreicht, wo sich die Badeanlage beim Stadtpark zum Erfrischen anbietet. Zur Einkehr empfiehlt sich das Lokal A Furna. Malerische Weinbauerndörfer prägen die **Zona de Adegas**

> S. 116. Danach könnte die Besichtigung des ***Museu do Vinho** > S. 114 bei Madalena genau das Richtige sein.

Auf den Spuren der Walfänger

---(14)--- **Lajes do Pico > Ponta da Queimada > Cais do Pico > São João**

Länge: 2 Tage; Fahrstrecke: 1. Tag: 53 km; 2. Tag: 13 km
Verkehrsmittel: Den Mietwagen besorgen Sie sich schon in Madalena oder São Roque, ansonsten ist Lajes Ausgangs- und Endpunkt der Tour inkl. Übernachtung.

Der erste Tag beginnt mit einem Besuch im Walfangmuseum in **Lajes do Pico** > S. 119. Anschlie-

ßend können Sie in der Vigia an der **Ponta da Queimada** > S. 119 einem Walausguckposten über die Schulter schauen. Nach dem Mittagessen in Lajes, z.B. im Restaurant Lagoa, geht es quer über die Insel zur Nordküste, wo in **Cais do Pico** > S. 122 die ehemalige Walfabrik heute ein Museum ist. Am zweiten Tag stechen Sie ab Lajes zum Whalewatching in See. Am Nachmittag bleibt noch Zeit für das Privatmuseum eines britischen Meeresbiologen in **São João** > S. 118, wo Sie die gewonnenen Erkenntnisse über Wale und Delfine vertiefen können.

Verkehrsmittel

■ **Flughafen:** Auf Pico (PIX) liegt 8 km östlich des Hauptortes Madalena (keine Busanbindung,

---(13)---
Inselrundfahrt komplett Madalena > São Mateus > São João > Lagoa do Capitão > Lagoa do Caiado > Lajes do Pico > Piedade > Santo Amaro > São Roque do Pico > Zona de Adegas > Museu do Vinho

---(14)---
Auf den Spuren der Walfänger Lajes do Pico > Ponta da Queimada > Cais do Pico > São João

Taxi ca. 10 €). Die SATA fliegt je ca. 1 mal tgl. von Pico nach Ponta Delgada (São Miguel) und nach Terceira. Nach Faial und São Jorge gibt es keine direkten Flüge.

■ **Schiffsverbindungen:** Ab Madalena verkehren Personenfähren nach Horta (Faial) im Sommer 6 mal tgl., im Winter 4 mal tgl. sowie nach Velas (São Jorge) Anfang Juni bis Mitte Sept. 2–3 mal tgl. (davon 2 mal über São Roque); von São Roque über Velas und Calheta (São Jorge) nach Angra do Heroísmo (Terceira) im Juli und August 3–4 mal pro Woche. Autofähren der Atlântico Line ab São Roque Ende April–Ende Sept. 2–4 mal pro Woche nach Horta und 2 mal pro Woche nach Velas.

■ **Busse:** Ab Madalena verkehren Busse auf der Nordroute (São Roque – Santo Amaro – Piedade) und der Südroute (São Mateus – Lajes – Ribeirinha) jeweils Mo–Fr 2 mal tgl, Sa, So 1 mal tgl.

Wichtige Adressen

Offizielles Infobüro:
■ **Posto de Turismo,** 9950-329 Madalena, Rua Conselheiro Ferra Pinheiro, bzw. (im Sommer) im Fährterminal des Porto Novo, Tel. 292 628 700. Juni–Sept. tgl. 8–18, Okt.–Mai Mo–Do 9–12.30, 14.30–17.30 Uhr.

Büro der Fluggesellschaft SATA:
■ **Madalena** Rua D. Maria da Glória Duarte, Tel. 292 622 411.

Unterwegs auf Pico

Madalena

In Picos Hauptort (2000 Einw.) geht es ruhig zu. An den alten Hafen grenzt der Hauptplatz, der Largo Cardeal Costa Nunes, mit der weißen **Igreja Santa Maria Madalena.** Etwas außerhalb, am neuen Kai, legen Tunfischfänger und Personenfähren von Faial und São Jorge an.

10 An der Straße zum Flughafen logiert in einem romantischen Karmeliterkonvent (17. Jh.) das ***Museu do Vinho** (Weinmuseum). Es dokumentiert Interessantes rund um den berühmten Verdelho und andere Weine und zeigt Gerätschaften und Fotos aus alten Zeiten (Rua do Carmo; Di–Fr 9–12.30, 14–17.30, Sa, So 9–12 Uhr, feiertags geschl.; Eintritt frei). In der Nähe stehen riesige **Drachenbäume,** deren rotes Harz früher als »Drachenblut« ein begehrter Farbstoff war.

Ein Spaziergang von etwa einer Stunde führt vom Hotel Pico (❯ S. 115) zur oberhalb der Stadt am Waldrand gelegenen **Quinta das Rosas.** Der idyllische Park lädt zu einem Picknick inmitten von Blumenbeeten unter exotischen Bäumen ein.

Südlich der Stadt, bei dem Dorf Criação Velha, wurde mit der erst 1990 entdeckten **Gruta das Torres** die größte Lavahöhle Portugals für Besucher erschlossen. Die fast 4,5 km lange Hauptröhre ist bis zu 15 m hoch. Im *Centro de Visitantes* (Besucherzentrum) erfolgt eine Einweisung, dann geht es in Begleitung eines Führers auf einen abenteuerlichen 45-minütigen Rundweg. Jeder Teilnehmer trägt sein eigenes Beleuchtungssystem. Wanderstiefel werden empfohlen (Tel. 913 459 081, Mai u. Okt. Sa/So 14.30–17.30, Juni–Sept. tgl. 14.30–17.30 Uhr; Eintritt 3 €).

![Der alte Hafen von Picos Hauptstadt mit der Igreja Santa Maria Madalena]

Der alte Hafen von Picos Hauptstadt mit der Igreja Santa Maria Madalena

Info:

Website der Stadt:
www.cm-madalena.pt

Hotels

Pocinhobay
Monte
Tel. 292 628 460
www.pocinhobay.com
Wunderschöne kleine Design-Ferienanlage (nur sechs Zimmer) im Stil eines traditionellen Weinguts von Pico. In der Kiesstrandbucht von Pocinho, 5 km südlich von Madalena. Kein Restaurant, ein Mietwagen ist zu empfehlen. ●●●

Hotel Residencial Caravelas
Rua Conselheiro Terra Pinheiro 3
Tel. 292 628 550
www.hotelcaravelas.net
Modernes Hotel in Hafennähe; Außenpool, nur Frühstück, kein Restaurant.
●●–●●●

Hotel Pico
Rua dos Biscoitos
Tel. 292 628 400
www.investacor.com
Außerhalb an der Straße nach São Roque gelegen; mit Schwimmbad und Restaurant. ●●

Residência Mini Bela
Av. Machado Serpa 18
Tel. 292 622 286
Fax 292 623 521
Klein, aber herzlich geführt von Fernanda Maria Duarte de Oliveira. ●

Restaurants

O Ancoradouro
Areia Larga
Tel. 292 623 490
Hervorragendes Fischlokal 1,5 km südlich von Madalena. ●●

O Luís
Rua Padre N. da Rosa
Tel. 292 623 901
Modernes Lokal mit Veranda, Inselküche. Tgl. geöffnet. ●●

A Parisiana
Rua A. Herculano
Tel. 292 623 771
Schöner Blick von der Terrasse auf Faial, azorianische Küche, Mittagsbuffet. Tgl. geöffnet. ●●

Shopping

Casa Vitória
Av. Machado Serpa 2.
Nette Auswahl an inseltypischen Souvenirs.

Badeplätze auf Pico

Echt gut!

■ Die **Piscina Municipal** von **Madalena** um einen natürlichen Felspool ist mit sanitären Einrichtungen und Terrassenbar ausgestattet (Rua A. Herculano, am Südrand der Stadt; 15.6.–15.9., Eintritt frei).
■ Die romantische Felsbucht von **Pocinho,** 5 km südlich von Madalena, mit Kiesstrand und Badeplattform. Duschen vorhanden. › S. 115
■ Der kiesige Strand im benachbarten **Calhau** bietet hervorragende Schnorchelbedingungen. › S. 116
■ Der **Porto da Prainha** oder **Porto de São Caetano** (östlich von São Mateus) wird kaum noch als Fischerhafen, dafür aber im Sommer als Badeplatz genutzt. Duschen und Café sind vorhanden.
■ Das städtische Schwimmbad von **São Roque do Pico** am Jardim Municipal ist ein Naturbadebecken. Eintritt frei. › S. 122
■ In der kleinen Bucht von **Furna de Santo António,** westlich von Cais do Pico, lädt ein Naturschwimmbecken zum Bad ein. Nebenan gutes Restaurant. › S. 122

Ausflüge ab Madalena

Calhau ▣

An die Küste vor Criação Velha führt eine kleine Wanderung (1,5 Std.), die mit Badepausen beliebig kombinierbar ist. Aus Madalena heraus geht es Richtung Süden auf einer Nebenstrecke durch Wohngebiete. Sobald die Straße landeinwärts abbiegt, läuft man geradeaus am felsigen Meeresufer weiter. Ein Abstecher auf einem von Mauern gesäumten Feldweg ist auf Höhe Criação Velha möglich, wo der **Moinho do Frade,** eine historische Windmühle, im Sommer manchmal zu besichtigen ist. Wieder an der Küste, dehnen sich linker Hand Weinfelder aus. Bald wird eine hübsche Badestelle passiert. Dann ist der **Monte** (135 m) landeinwärts zu umgehen. An seiner Südflanke läuft man rechts zur Strandbucht **Pocinho** und weiter bis **Calhau**.

Zona de Adegas

An der Küste nördlich von Santa Luzia liegt die Zona de Adegas mit einer Reihe **idyllischer Weinorte,** deren einfache Basaltbauten nur den Sommer über bewohnt sind. In ihren kühlen Räumen werden Weinfässer gelagert und die für den Privatbedarf gekelterten Tropfen auch gleich an Ort und Stelle genossen.

Wild donnern die Wellen bei **Porto Cachorro** in ein Labyrinth aus bizarren Basaltformationen.

Cachorro bedeutet Hund. Ein solcher wacht als erstarrte Lavaskulptur über den Hafen. Schwarz glitzern die Felsen an der Ponta Negra bei **Arcos**, während weiße Mauerfugen dem Ort sein typisches Bild geben. Die nur 50 Häuser von **Cabrito** stehen neben einem unwirtlichen Lavafeld.

Furna de Frei Matias

Sanft steigt die ER 3 von Madalena Richtung Osten an, auf den mächtigen Kegel des Pico zu. Nach etwa 8 km liegt rechter Hand eine Wiesenparkbucht. Von Feldern umgeben, öffnet sich dort abseits der Straße, hinter einem Viehgatter, der Eingang zur **Furna de Frei Matias**. Der schmale Lavatunnel ist mehrfach blasenartig nach oben aufgebrochen. Geheimnisvoll wirken die mit Moos und Farn bewachsenen Eingänge. Ein kurzes Teilstück ist begehbar, festes Schuhwerk und eine Taschenlampe vorausgesetzt. Wer mit dem Taxi gekommen ist, kann jetzt auf bequemen Wegen 600 Höhenmeter zu Fuß nach Madalena absteigen, zunächst auf der Straße abwärts bis zur folgenden Linkskurve und dann einen Feldweg rechts hinab. Der Weg quert die Straße noch einmal und verläuft dann fast schnurgerade bis zu einem asphaltierten Querweg. Auf diesem hält man sich rechts, gleich wieder links und weiter bergab. Auf einem weiteren asphaltierten Querweg geht es 30 Min später nach rechts zu einer Straße, auf dieser ein kurzes Stück links und bei einem großen Stein-

***Weinbau auf Lava

Zu Schiff aus Madeira kam Pater Frei Pedro Gigante 1460 nach Lajes do Pico. Er brachte Setzlinge der Rebsorte Verdelho mit, aus deren Trauben bis heute Weißwein gewonnen wird. Großen Aufschwung nahm die Rebkultur nach den Vulkanausbrüchen von 1719. Zugewanderte Bauern aus Terceira, Nordportugal und Flandern verwandelten Lavafelder in fruchtbare Weinterrassen. Dazu musste der Boden vom gröbsten Gestein befreit werden. Besonders im Westen Picos fallen auch heute noch die dabei entstandenen großen Steinhaufen *(moroiços)* auf. Außerdem wurden Trockensteinmauern rund um die Felder gezogen. Sie schützen die Weinstöcke vor den teilweise sehr heftigen Winden und der salzigen Meeresgischt und sorgen für gleichbleibend hohe Temperaturen im Boden, da sie die Sonnenwärme für die Nacht speichern. 2004 nahm die UNESCO dieses Kunstwerk der Agrar-Architektur in die Liste des Welterbes auf.

Die Trauben liefern einen alkoholreichen Wein. Jahre der Reife verwandeln ihn in einen Aperitif, der im 19. Jh. nach Europa und Amerika ausgeführt wurde und selbst an der Tafel der russischen Zaren Zuspruch fand. Rund 15 000 Fässer produzierte man pro Jahr, bis Schädlingsbefall den Weinbau fast ruinierte. Heute erholt er sich langsam wieder mit neuen Sorten und Produktionsmethoden. Qualitativ hochwertige Weine sind der weiße *Terras de Lava* und der rote *Basalto.* Beide werden von der Cooperativa Vitivinícola da Ilha do Pico in Madalena abgefüllt (www.picowines.net).

Windmühle auf der Insel Pico

haufen rechts auf einem gewundenen Fahrweg zwischen zwei kleinen Vulkankegeln. Schließlich gelangt man zur **Quinta das Rosas** › S. 114 und steigt an deren Rückseite auf einem lauschigen Waldweg weiter ab bis zur ER 1 beim Hotel Pico.

Wanderung auf den **Pico

Eines der aufregendsten Azorenerlebnisse verspricht die sechsstündige Tour zum höchsten Gipfel Portugals, dem **Pico**. Aus Sicherheitsgründen ist der Aufstieg nur noch mit örtlichem Bergführer erlaubt (Vermittlung im Posto do Turismo in Madalena oder über Hotels). In der Regel beginnt die Wanderung in den frühen Morgenstunden, um bei Sonnenaufgang den dann meist noch wolkenfreien Blick vom Kraterrand genießen zu können.

Vom Ausgangspunkt an der ER 3 auf 1200 m Höhe geht es über die Südflanke des Pico zum Picinho (2351 m), dem kleinen Vulkankegel, der den eigentlichen Gipfel bildet. Der Weg ist nicht schwierig, aber durch die Vulkanasche sehr rutschig.

São Mateus 3

Schon Ende des 15. Jh. wurde die Siedlung an der milden Südküste von Pico angelegt. 1572 war das Gründungsjahr der Pfarrkirche, die dem Ortspatron Matthäus geweiht ist. Im 19. Jh. wurde der Bau erweitert, um den gewachsenen Pilgerstrom aufnehmen zu können, der auch heute noch am 6. August jedes Jahres São Mateus aufsucht, um den Wundertätigen Christus *(Bom Jesús Milagroso)* zu verehren.

Shopping

PicoArtes
Rua Mãe de Deus (Ortsausgang Richtung Lajes)
Tel. 292 699 00
São Mateus ist Zentrum des traditionellen Kunsthandwerks. Zahlreiche Frauen im Ort widmen sich dem Häkeln *(crochet)* oder Sticken *(bordado)*. Ihre Produkte stehen hier zum Verkauf, wie auch Gebrauchsgegenstände aus Ton und Holz. Mo-Sa 9-12, 14-18 Uhr.

São João 4

Charakteristisch für Pico sind die *mistérios* (»Geheimnisse«). Diese dunklen Lavaströme, die sich von den Flanken des vulkanischen Inselgebirges Richtung Meer wälzten und unterwegs zu bizarren Gesteinsfeldern erstarrten, stellten die frühen Siedler vor ein Rätsel.

São João ist gleich von zwei dieser Mistérios umgeben, die 1718 entstanden und damals große Teile des Ortes zerstörten. Heute sind die Lavafelder – da für die Landwirtschaft nach wie vor unbrauchbar – dicht mit Wald und Gebüsch bedeckt. Im **Mistério de São João** westlich des Ortes lädt ein Forstpark mit Grillstelle zum Picknick ein, und ein Tiergehege gibt es auch.

Der englische Meeresbiologe Dr. Malcolm Clarke eröffnete als Ruheständler in seiner Wahlheimat São João das innovative **Museu Cachalotes e Lulas**. Seine Spezialitäten sind Pottwale (*cachalotes*) und Tintenfische (*lulas*), speziell die Riesenkraken der Tiefsee (http://bienal-baleias.org/malcolm; geöffnet nur Mai–Okt. Mo–Sa 10–18, So 14–18 Uhr; Eintritt 5 €).

Restaurant

Marisqueira
Porto de São João
Tel. 292 673 116
Eines der besten Fischrestaurants auf Pico, Fisch und Meeresfrüchte werden nebenan im Hafen angelandet. Tgl. geöffnet. ●●

Shopping

Sociedade de Produção de Lacticínios
Rua Principal (Durchgangsstraße, gegenüber vom Rathaus).

Hier wird der leckere Pico-Käse direkt ab Molkerei verkauft ❭ S. 46.

Lajes do Pico 5

1987 wurde der letzte Pottwal in Lajes an Land gezogen. In den ehemaligen Bootshäusern der Walfänger zeigt heute das ***Museu dos Baleeiros** ein Fangboot mit Originalwerkzeugen, Fotos aus der Walfangära und Produkte, die aus dem Pottwal gewonnen wurden. Zu sehen sind eine Sammlung Scrimshaws (gravierter Walzähne, ❭ S. 41) und eine Schmiede für Lanzen- und Harpunenspitzen (Rua dos Baleeiros 13, Tel. 292 672 276; Di–Fr 9 bis 12.30, 14–17.30, Sa, So 14–17.30).

Restauriert präsentiert sich das **Forte de Santa Catarina** am Hafen. Die einzige erhaltene Festung der Insel entstand Ende des 18. Jhs., als napoleonische Truppen kurz davor standen, in Portugal einzufallen. Bald wurde sie wieder nutzlos. 1885 kam ein Kalkofen hinein, um den von der Insel Santa Maria angelieferten Kalk zu brennen.

Etwas außerhalb von Lajes, an der **Ponta da Queimada**, die die Südspitze von Pico bildet, steht unterhalb der Straße das weiße Häuschen der **Vigia da Queimada** (Wahlbasis ❭ S. 35). In einem Radius von 200 Grad sind bei guter Sicht bis zu 35 km entfernte Wale zu sehen. Wenn eine Fahne am Gebäude gehisst ist (April–Okt.), geben die dort stationierten Walbeobachter von Espaço Talassa gerne Auskunft.

Erinnerung an die Vergangenheit:
Modell eines Walfangbootes

Info

Posto de Turismo
Forte de Santa Catarina
www.municipio-lajes-do-pico.pt
Mit Verkauf von Kunsthandwerk und
Büchern über die Azoren.

Hotels

■ **Hotel Aldeia da Fonte**
Silveira, Rua Caminho de Baixo

Insel der Walfänger

Der Beruf des Walfängers – früher
ein wichtiger Nebenverdienst für
viele Familien – gehört auf den
Azoren heute der Vergangenheit
an. Noch in den 1950er-Jahren
zogen die Azorianer rund 700 Pottwale jährlich an Land, davon mehr
als 200 auf Pico. Dann ließ zuerst
der Ersatz des Waltrans durch Pet-
roleum das Geschäft zurückgehen.
Später ächteten Naturschutzorga-
nisationen weltweit die Waljagd.
1987 stellten die Azorianer freiwil-
lig den Walfang komplett ein.

Tel. 292 679 500
www.aldeiadafonte.com
Schöne Anlage im traditionellen Bau-
stil, ca. 4 km westlich von Lajes zwischen Weinbergen direkt am Meer. ●●
■ **Hotel Residencial Whale'come
ao Pico**
Rua dos Baleeiros
Tel. 292 672 010
http://hotel.espacotalassa.com/DE
Das kommunikative Gästehaus gehört
zur Walbasis (> S. 119). Fast alle Zimmer mit schönem Meer- und Pico-Blick,
Garten mit Grill. ●

Restaurant

Lagoa
Largo de São Pedro
Tel. 292 672 272
Einfach, urig. Spezialität: *feijoada*
(Bohneneintopf). ●

Piedade 6

Der Ort (900 Einw.) lohnt wegen
des romantischen **Parque Matos
Souto** mit Picknicktischen und
-bänken den Besuch. Um Piedade
herum gedeiht der Taro (*inhame*)
mit riesigen Blättern. Seine
stärkehaltige Wurzel wird gekocht
als Beilage zu Räucherwurst
gegessen.

An der ER1 Richtung Santo
Amaro liegt 6 km westlich von
Piedade der spektakuläre **Mira-
douro Terra Alta.** Aus 415 m
Höhe über dem Atlantik wirft
man von seiner Plattform einen
Blick auf São Jorge.

Hotels

■ **L'Escale de l'Atlantic**
Calhau

Tel. 292 666 260

www.ciberacores.com/escale

Landgasthaus unter französischer Leitung in dem kleinen Ortsteil Calhau. Individuelles Wohnen mit Meerblick und absoluter Ruhe. Mai–Sept. ●●

■ **Pico Holiday Chalets**

Caminho do Calhau 37

Tel. 292 666 599

www.picoholiday.com

Leslie und Oliver Dittmers aus Hamburg vermieten zwei Ferienhäuser und ein Apartment auf ihrem Landgut, wo sie selbst Obst und Gemüse anbauen. Auf Wunsch werden Wanderungen, Whalewatching, Segeln und Tauchen organisiert. ●●

■ **O Zimbreiro**

Ponta da Ilha, Caminho do Cruzeiro 83, (im Ort ausgeschildert)

Tel. 292 666 709

www.zimbreiro.com

Hotel inmitten unverbrauchter Natur, von Belgiern geleitet. Von der Terrasse ein **unvergleichlicher Meerblick**. Abendessen auf Vorbestellung; örtliche Produkte oder Bio-Qualität. Gut eingerichtete Zimmer, Süßwasserpool, Gratis-Internetanschluss. ●●

François Le Bon

Beim Hotel O Zimbreiro, ausgeschildert »Oleiro-Potter«.

Ein belgischer Keramiker betreibt die freundliche Töpferei.

Ponta da Ilha

Zwischen Piedade und Fetais biegt von der ER 1 ein Fahrweg nach Manhenha mit seinem winzigen Naturschwimmbad und weiter zur Ponta da Ilha ab, dem östlichsten Punkt von Pico mit Leuchtturm. Weinparzellen überziehen die flachen Küstenhänge, im Sommer beleben sich die Adegas (Weinkellereien).

O Ponta da Ilha

In der Nähe des Leuchtturms

Tel. 292 666 706.

Familiär geführtes Lokal in einer Adega. Den Fisch fängt der Wirt selbst. Unregelmäßig geöffnet. ●—●●

Santo Amaro **7** und Prainha **8**

Geschäftigkeit herrscht in **Santo Amaro** im **Núcleo Museulógico da Escola Profissional de Artesanato**. Techniken traditionellen Kunsthandwerks werden hier an Schüler vermittelt, eine Ausstellung macht mit dem bäuerlichen Leben früherer Zeiten bekannt. Der angeschlossene Laden hat Blumengebilde aus Feigenmark oder Fischschuppen, Figuren aus Maisblättern sowie handgestickte Decken im Angebot (Tel. 292 655 115; Mo–Fr 9–18 Uhr, z.T. auch Sa, So).

Eine Nebenstrecke folgt von Santo Amaro der Küste in die zweitälteste Ortschaft im Norden von Pico, **Prainha do Norte**. Prunkvoll vergoldete Altäre sind der Schmuck der **Igreja de Nossa Senhora da Ajuda** (18. Jh.). Die ER 1 quert dann Richtung Westen den **Mistério de Prainha,** ein 1562 entstandenes, mittlerweile überwachsenes Lavafeld. Hangaufwärts liegt das Picknickgelände **Parque Florestal.** Im Steinhaus neben der Grillstation steht eine traditionelle *atafona* (»Ochsenmühle«).

São Roque do Pico

In der ehemaligen Walfängerstadt mit dem Fährhafen **Cais do Pico** bilden heute Tunfischfang und Milchwirtschaft die ökonomische Grundlage. An den Kaimauern arbeitete einst die walverarbeitende Fabrik, die nun als **Museu da Indústria Baleeira** ein interessantes Zeugnis der Industriekultur darstellt. Der Speck wurde in drei Kesseln mit dem Dampf zweier Hochöfen ausgelassen, Fleisch, Innereien und Knochen in einem Ofen getrocknet, dann gepresst und zu Dünger und Tierfutter vermahlen (Rua do Poço, Tel. 292 642 096; Mo–Fr 9–12.30, 14–17.30, Sa 9–12.30 Uhr; Eintritt frei).

Hotels

■ Casa das Barcas
Cais Velho
Tel. 292 642 847
www.cazasdopico.com
Stilvoll renoviertes altes Stadthaus mit vier Gästezimmern und romantischem Garten. ●●

■ Pensão Residencial Montanha
Rua do Capitão-Mor
Tel. 292 642 699
2 km außerhalb von São Roque do Pico im Wald gelegene Pension; schöner Blick über die Küste. ●

Restaurant

■ A Furna
Furna de Santo António
2 km westlich von Cais do Pico
Tel. 292 642 666
Vor dem Essen lockt ein Bad im Naturschwimmbecken. Sättigende Inselspezialitäten sind hier das Maisfladenbrot und *linguiça com inhames:* gebratene Räucherwurst mit Taro. ●

Die Kraterseen des Hochlands

Von der ER 2 São Roque–Lajes zweigt nach Erreichen des zentralen Hochlandes Richtung Westen die ER 3 nach Madalena ab. Hier lohnt ein Abstecher zur **Lagoa do Capitão,** einem nach 2 km etwas nördlich der Straße am Fuß des Lomba (861 m) gelegenen Kratersee, der sich bei Anglern großer Beliebtheit erfreut.

Zurück auf der ER 2 hält man sich weiter südwärts, wo sehr bald eine schmale Nebenstraße zur *Lagoa do Caiado abzweigt. Dieser idyllische See liegt inmitten einer bewegten Kraterlandschaft. Der Höhenrücken zieht sich von hier weiter nach Südosten; Nord- und Südküste sind gleichzeitig im Blick. Zu den höchsten Punkten zählt der **Pico do Topo** (1007 m). Das grüne Wasser der rund 900 m hoch gelegenen **Lagoa do Peixinho** füllt ein weiteres Kraterbecken. Der Fahrweg (an einer Gabelung links halten) verläuft dann an der Nordseite des Höhenrückens. Allmählich geht es bergab nach Piedade ❯ S. 120.

São Jorge

Nicht verpassen!

- Den herzhaften Inselkäse beim Produzenten verkosten
- Zu einsamen Küstenebenen wandern
- Durch ursprünglich gebliebene Dörfer streifen
- Kurz vor Sonnenuntergang das Panorama vom Pico da Velha auf sich wirken lassen

Zur Orientierung

São Jorge ist ein langgestreckter Bergrücken mit einer Reihe erloschener Vulkankegel. Bis zum höchsten Gipfel, dem **Pico da Esperança** (1053 m), grasen Kühe und liefern die Milch für den weithin bekannten Käse. Wanderer fühlen sich auf der ruhigen Insel besonders wohl. Die schönsten Wege mit herrlichen Ausblicken führen hinunter zu schmalen Küstenebenen (*fajãs*).

Quartier beziehen die meisten Besucher in **Velas**, das mehr bietet als **Calheta**. Hübsche ländliche Quartiere gibt es in **Manadas** und **Rosais**. Die Bademöglichkeiten beschränken sich auf schmale Strände und winzige Fischerhäfen an den Küstenebenen.

Touren in der Region

Inselrundfahrt kompakt

⓯ **Velas › Urzelina › Manadas › Calheta › Fajã dos Vimes › Fajã dos Cubres › Beira › Pico da Velha**

Ponta
dos Rosais

Pico da Velha Parque das
⓰ Sete Fontes Fajã do João Dias
503 ▲ 493
Monte Trigo
Pedregulho
❷
Rosais   Arrifana   ER1-2   Toledo
⓯ Beira   Santo   Santo
Figueiras   António ⓯   Ponta do
Amaro   Norte Grande Fa
Pico das   Ou
Caldeirinhas Norte   ⓬
Ponta das Eiras ❶   Grande
Velas   Queimada   Ri
✚   ER3-2 954 ⓰ 1083 da
Ribeira do Nabo   Morro
Pelado Pico da Pi
Casteletes Esperança Br
Urzelina ❸
Terreiros Manadas ❹ ⓯ ER
Fajã
das Almas

Canal de São Jorge

⬇ São Roque, Madalena (Pico), Horta (Faial)

⓯ **Inselrundfahrt kompakt** Velas › Urzelina › Manadas › Calheta › Fajã dos Vimes › Fajã dos Cubres › Beira › Pico da Velha

Länge: 1 Tag; 106 km
Verkehrsmittel: Mietwagen
oder Taxi.

Von **Velas** › S. 126 geht es über
die Südküstenorte **Urzelina** ›
S. 128 und **Manadas** › S. 128 in
die zweite Hafenstadt von São
Jorge, **Calheta** › S. 129. Echte
Sehenswürdigkeiten liegen nicht
am Weg, dafür gefällt die unverdorbene Kulturlandschaft. Dies
gilt insbesondere für den weiteren
Küstenverlauf, wo ein Abstecher
zur abenteuerlich gelegenen **Fajã
dos Vimes** › S. 129 führt.

Zurück bei Calheta, wird der
zentrale Bergrücken überquert.
Ein weiterer Abstecher führt zu

der wohl berühmtesten Küstene-
bene von São Jorge, der **Fajã dos
Cubres** › S. 131. Oberhalb der
Steilküste geht es durch grüne
Weidegebiete nach **Beira** › S. 127,
dem Käseort der Insel. Schließlich
können Sie einen Abstecher zum
Aussichtsgipfel **Pico da Velha**
› S. 127 machen, wo abends die
Sonne am günstigsten für den
Panoramablick Richtung Velas
steht.

Die schönsten Wande-
rungen

⑯ **Parque das Sete
Fontes › Ponta dos Rosais ›
Faja dos Cubres › Pico da
Esperança**

São Jorge

0   5 km

ATLANTISCHER

OZEAN

⑩ ⑮ ⑪ Fajã dos Cubres
Fajã do Belo   Ponta da Caldeira
         ○ Fajã da Caldeira
           do Santo Cristo
⑮   ⑯
oitos
⑤ ⑥ ⑮ ER2-2   SERRA DO TOPO   Ponta das Vinhas
de Calheta Ribeira Portal ⑦
           Seca   Fajã dos
                     Vimes   Ilhéu
                          Loural 3   do Topo
                Loural 1   Santo   Lomba
                Loural 2   Cruzal Antão   Santa ⑨
                Fajã de Além   Rosa Topo
                Fajã de São João ⑧   São   Caminho
                                     Tomé   da Pedra
                          Ponta dos Monteiros

⑯ **Die schönsten Wanderungen** **Parque das Sete Fontes › Ponta dos Rosais**
› Faja dos Cubres › Pico da Esperança

Länge: 3 Tage; Fahrstrecke/
Wanderzeit: 1. Tag: 22 km/
4 Std., 2. Tag: 70 km/4 Std.,
3. Tag: 44 km/4,5 Std.
Verkehrsmittel: Taxi, 1. Tag
auch Mietwagen möglich.

Auf der ersten Wanderung, vom
Parque das Sete Fontes zur **Ponta dos Rosais** › S. 127 im äußersten Westen der Insel, sind kaum
Höhenunterschiede zu bewältigen. Sicheren Tritt hingegen
erfordert der steile Abstieg zu den
Küstenebenen des Nordens und
zur **Faja dos Cubres** › S. 131. Die
Gipfel des **Pico da Esperança**
› S. 131 erschließt eine mittelschwere Höhenwanderung.

Verkehrsmittel

■ **Flughafen:** Auf São Jorge (SJZ)
liegt er 7 km südöstl. von Velas
(kein Bus, Taxi ca. 6 €). Die SATA
fliegt 1 mal tgl. nach Ponta Delgada (São Miguel) und Terceira
■ **Schiffsverbindungen:** Personenfähren fahren ab Velas über
Madalena (Pico) nach Horta
(Faial) Anfang Juni–Mitte Sept.
2–3 mal tgl. (davon 2 mal über
São Roque do Pico); ab Velas
über Calheta (São Jorge) nach
Angra do Heroísmo (Terceira)
Juli/August 3–4 mal pro Woche.
    Autofähren ab Velas Ende April
bis Ende Sept. 2 mal pro Woche
nach São Roque do Pico und 2–3
mal pro Woche nach Graciosa
und Praia da Vitória (Terceira).
■ **Busse:** Von Velas nach Rosais
(Mo–Fr 2 mal, Sa 1 mal tgl.), auf
der Südroute (Calheta–Topo)
und der Nordroute (Norte Pequeno–Calheta) Mo–Fr 1 mal tgl.

Wichtige Adressen

Offizielles Infobüro:
■ **Posto de Turismo**
Velas, Rua Dr. J. Pereira 3, Tel.
295 412 440, Fax 295 412 491,
Mo–Fr 9-12.30, 14–17.30 Uhr.

Büro der Fluggesellschaft SATA:
■ **Velas**
Rua de Santo André,
Tel. 295 412 125.

Unterwegs auf São Jorge

Velas ❶

Seit 1799 empfängt das **Portão do
Mar** die Besucher, die im Hafen
der Hauptstadt (2000 Einw.) an
Land gehen. Die **Igreja Matriz de
São Jorge** wurde im 17. Jh. über
einer Kirche von 1460 errichtet,
die Heinrich der Seefahrer hatte
erbauen lassen. Im geschnitzten,
vergoldeten Altar (16. Jh.), einem
Geschenk von König Sebastião,
steht Sankt Georg, der Namenspatron der Insel. Im **Jardim Botâ-**

nico führen verschwiegene Wege zwischen Hecken und unter einer Weinpergola hindurch, an Bananenstauden und Orangenbäumen vorbei.

Hotels

■ **Hotel São Jorge Garden**
Rua Machado Pires
Tel. 295 430 100
hotelsjgarden@mail.telepac.pt
Meeresrauschen und Blick zum Pico inbegriffen. ●●

■ **Residencial Neto**
Rua Dr. J. Pereira 12
Tel. 295 412 403
www.acores.com/residencialneto
In einem alten Handelshaus am Hafen; mit Pool. Familiär. ●

Restaurants

■ **Açor**
Largo João Pereira
Tel. 295 412 362
Modernes Lokal am Kirchplatz. Fisch- und Fleischspezialitäten vom Grill. Tgl. geöffnet. ●●

■ **Cervejaria São Jorge**
Rua Maestro F. Lacerda
Tel. 295 412 861
Beliebtes Lokal, mit köstlicher Regionalkuche, z.B. Napfschnecken (lapas). Tgl. geöffnet. ●●

■ **Velense**
Rua Dr. J. Pereira
Tel. 295 412 160
Nettes Restaurant über der Bar, Muscheln auf Bestellung. Tgl. geöffnet. ●

Beira

Die Hallen der in Beira, 3 km nördlich von Velas, gelegenen *Cooperativa Leitaria gehören

zur ältesten Käsefabrik Portugals von 1927 (❯ S. 46). Im nahe gelegenen Kühlhaus der *Uniqueijo*, der Vereinigung aller Käse produzierenden Genossenschaften von São Jorge, lagern die Laibe, bis sie die richtige Reife für den Export erreicht haben (Besichtigung Mo–Fr 9–12.30, 13.30–17.30 Uhr).

Rosais 2

Der Ort selbst bietet nichts Aufregendes, aber nahe der Kirche zweigt die Straße in den **Parque das Sete Fontes** ab. Die Skulptur eines Walfängerbootes trägt dort die auf Fliesen gemalte Kopie des Gemäldes *Os Emigrantes* von Domingos Rebelo (Original in Ponta Delgada im Museu Carlos Machado, ❯ S. 57). Picknicktische stehen unter Baumfarnen, Quellen spenden Wasser. Ganz in der Nähe liegen zwei Aussichtspunkte. Am ersten schweift der Blick aus rund 300 m Höhe über das Meer. Der zweite, **Pico da Velha** (493 m) auf dem Inselrücken, bietet v.a. abends ein grandioses Panorama Richtung Velas.

An der Westspitze **Ponta dos Rosais,** erhebt sich die einsturzgefährdete Ruine eines Leuchtturms. Von nebenan beeindruckt der Blick die Steilküste hinab. Am schönsten erwandert man die Strecke (4 Std.) auf dem Hinweg auf einem holprigen Fahrweg ab dem Parque das Sete Fontes. Für den Rückweg gibt es eine schöne Alternative. Dazu biegt man knapp 1 km ab Leuchtturm rechts in einen Feldweg ein, der wunderbare Ausblicke bietet und später auf die Zufahrtsstraße zum Parque das Sete Fontes trifft. Hier läuft man ca. 600 m Richtung Rosais und schwenkt dann links in einen Weg ein, der an der Ostflanke des Pico da Velha vorbei zum Ausgangspunkt zurückführt.

Hotel

Casa de Campo Correia
Ribeira do Belo 9
Tel. 295 432 210
www.casacorreia.com
Das 200 Jahre alte Natursteinhaus mit drei Schlafzimmern, Wohnzimmer und Küche wird komplett vermietet, max. 6 Personen. Außerdem Appartement für 2 Personen. ●●

Urzelina ❸

Seit einem Vulkanausbruch 1808 ragt von der alten Kirche nur noch der Glockenturm aus der erstarrten Lava, ein Neubau wurde 1822 errichtet. Fast so sicher wie im türkisfarbenen Wasser der **Piscina** schwimmt man im Hafenbecken. Das **Centro de Exposição Rural,** ehemals ein Lagerhaus, zeigt Utensilien alter Handwerksberufe (falls geschlossen, in der Casa do Povo nachfragen).

Ein schattiger **Campingplatz** befindet sich hier auf einer weiten Grasterrasse über den Lavafelsen der Küste (Tel. 295 414 401; Juni–Sept).

Restaurant

Manezinho
östlich des Hafens
Tel. 295 414 484

Man bedient sich am köstlichen Buffet und speist im sanften Schatten einer Pergola auf einer Terrasse am Meer; auch à la carte. Mo geschl. ●●

Shopping

Cooperativa de Artesanato
Ribeira do Nabo (einige Kilometer außerhalb von Urzelina)
Tel. 295 414 357
Handgefertigte Tücher und Wandteppiche. Mo–Fr 9–12, 14–17 Uhr.

Manadas ❹

In dem kleinen Ort (500 Einw.) überrascht die **Igreja Santa Bárbara.** Goldene und vielfarbige Ornamente überziehen die Wände. Ein wunderschöner Holztisch von 1799 mit Einlegearbeiten ziert den ältesten Teil der Kirche, die heutige Sakristei. (Mo–Fr 9 bis 12, 14–17 Uhr; Schlüssel im Haus neben dem Heiliggeisttempel).

Ein holpriger Fahrweg führt nach Osten entlang der Küste und endet unvermittelt oberhalb von **Fajã das Almas.** 100 m tiefer lädt die winzige Fischersiedlung zum Verweilen am Meer und Baden im Hafen ein.

Hotel

Jardim do Triângulo
Terreiros 91
Tel. 295 414 055
www.ecotriangulo.com
Im ruhigen Ortsteil Terreiros am Meer vermietet ein Hamburger Paar ein Studio für Selbstversorger und vier Gästezimmer. Gut bestücktes Frühstücksbuffet, Tauchbasis (❯ S. 23), Veranstaltung von Wanderwochen. ●●

Calheta 5

Fehlende Sehenswürdigkeiten gleicht Calheta (2000 Einw.), das noch sehr durch die Fischerei geprägt ist, durch Charme und Ursprünglichkeit aus. Das **Museu de São Jorge** an der Uferstraße gibt Einblicke in die Hauswirtschaft von anno dazumal (Mo–Fr 9–12.30, 14–17.30 Uhr).

Auf den flachen Fajãs begann die Besiedelung von São Jorge

Hotel

Pensão Residencial Solmar
Rua Domingos d'Oliveira 4
Tel. 295 416 120
residencialsolmar@residencialsolmar.com
Frisch renovierte Pension, zentrale Lage, erstes Haus am Platz. ●–●●

Camping

Parque de Campismo da Calheta
Tel. 295 416 711
www.aventour-net.com
Campingplatz mit Naturschwimmbecken, Zelt- und Fahrradverleih, Internetzugang, Bar. Juni–Sept.

Restaurant

O Picaroto
Fajã Grande, Portinho 2

Tel. 295 416 511.
Schlicht, aber bei den Einheimischen sehr beliebt. Im Sommer füllt sich die Terrasse. Tgl. geöffnet. ●

Ribeira Seca und Fajã dos Vimes

Eine schmale Küstenstraße führt von Calheta ins 5 km entfernte **Ribeira Seca** 6. Architektonischer Höhepunkt hier ist die **Casa Gaspar Silva** von 1905, das einzige im französischen Kolonialstil erbaute Haus der Azoren. Die Fassade ist mit Azulejos überzo-

---

11 ****Fajãs**

Nur wenige Meter über dem Meeresspiegel liegen die *fajãs,* fruchtbare schmale Landstreifen unterhalb der Steilküste, die sich rund um das Hochland von São Jorge zieht. Die breiten Schwemmfächer – knapp 50 davon gibt es rund um die Insel – haben sich an der Mündung steiler Schluchten gebildet. Lange Zeit wurden sie dank des milden Klimas, das den Anbau von Bananen und Kaffee erlaubt, intensiv landwirtschaftlich genutzt. Wegen ihrer relativen Unzugänglichkeit wurden viele Fajãs in den letzten Jahrzehnten aufgegeben und werden jetzt von Wanderern wiederentdeckt.

gen, das Giebeldach zeigt kunstvoll geschnitzte Holzgesimse.

Auf der Weiterfahrt Richtung Osten geht es durch ein landwirtschaftlich geprägtes Gebiet mit alten Steinhäusern und kleinen Feldern. Im einsamen **Fajã dos Vimes** 7 füllen sich einmal im Jahr, am 16. Juli, bei der Prozession zu Ehren der von den Fischern verehrten Karmeljungfrau (Nossa Senhora do Carmo), die Gassen.

Wandertouren auf São Jorge

■ Von **Rosais** › S. 127 führt ein alter Weg in steilen Serpentinen rund 400 Höhenmeter zu den Weinbergen und wenigen Häusern von **Fajã do João Dias** an der Nordküste hinunter (Gehzeit mit Rückweg 3 Std.).

■ 800 Höhenmeter fast nur bergab geht es auf dem relativ einfachen Weg vom höchsten Punkt der Passstraße ER 3-2 Urzelina–Norte Grande, beim **Pico das Caldeirinhas,** bis nach **Velas** (4 Std.).

■ Ganz bequem läuft man in 3 1/2 Std. von **Velas** › S. 126 nach **Manadas** durch flachwellige Kulturlandschaft, folgt Feldwegen und Pflasterpfaden und berührt auch die wenig befahrene alte Küstenstraße.

■ Der alte Südküstenweg von **Fajã dos Vimes** › S. 129 nach **Fajã de São João** dauert ca. 4 Std. und verlangt dem Wanderer einiges an Kondition und auch Schwindelfreiheit ab. Zwischenzeitlich verlässt man in Lourais die unmittelbare Küste und umgeht auf Fahrwegen einen erdrutschgefährdeten Wegabschnitt.

Shopping

Casa de Artesanato

über dem Café Nunes.
Frauen fertigen an altertümlichen Webstühlen *colchas de ponto alto,* geometrisch gemusterte Wandteppiche
› S. 41. Tgl. 8–20.30 Uhr.

Zur Ostspitze

Unterwegs auf der ER 2-2 von Calheta Richtung Osten bietet ein Aussichtspunkt auf dem Inselrücken einen schönen Blick hinunter zu den drei Ortsteilen von **Lourais** und zu den dortigen *fajãs.* Wildromantisch präsentiert sich **Fajã de São João** 8, wohin eine abenteuerliche Straße hinunterführt. Nur noch wenige Menschen leben dort. Sie treffen sich im schlichten Café Águeda.

In **Cruzal,** kurz vor Santo Antão, mahlt noch eine Wassermühle Mais. Am letzten Zipfel der Insel, in **Topo** 9, begann die Kolonisierung von São Jorge, als sich 1470 der Flame Wilhelm van der Hagen hier niederließ. Unbedingt sollte man die steilen Serpentinen zum alten Walfängerhafen **Cais do Topo** hinuntergehen. Die Brandung schliff hier eine Grotte in die roten Lavaklippen. Vor der Ostspitze, der Ponta do Topo, ragt der **Ilhéu do Topo** aus dem Meer. Das Felseiland ist Naturschutzgebiet und Brutplatz für Seevögel.

Restaurant

O Baleeiro
São Pedro (1 km nördl. von Topo)
Schlichtes Lokal mit rustikaler Küche. ●

Von São Jorges Nordküste stammt der berühmte Käse

Die Nordküste

In **Norte Pequeno** 🔟 lohnt ein Besuch der *Cooperativa Agrícola de Lacticínio* mit Käseprobe. Ein Abstecher zur Küste führt nach **Fajã dos Cubres** 🟪. Über zum Teil verfallene Häuser ragt dort die 1908 erbaute Igreja Nossa Senhora de Lourdes auf.

Fajã dos Cubres kann auch erwandert werden (4 Std.). Der Weg beginnt an der ER 2-2 Richtung Topo, etwa 8 km östlich von Calheta. Nach steilem Abstieg von 700 Höhenmetern auf steinigem Pfad gelangt man zur nur zu Fuß erreichbaren **Fajã da Caldeira do Santo Cristo**, in deren Strandsee – einzigartig auf den Azoren – Miesmuscheln leben. An der Küste entlang geht es über die Fajã do Belo nach Fajã dos Cubres.

Weiter Richtung Westen schiebt sich unterhalb von Norte Grande die **Fajã do Ouvidor** 🟫 als schwarzer Fächer ins Meer vor. An den Lavafelsen am Hafen bricht sich die Brandung.

Für die Rückfahrt zur Südküste empfiehlt es sich, die ER 3-2 nach Urzelina über den Hauptkamm der Insel zu nehmen. Am höchsten Punkt der Passstraße, in etwa 700 m Höhe, beginnt eine sehr schöne mittelschwere Höhenwanderung (4,5 Std.). Sie führt zum **Pico da Esperança** (1083 m) und weiter an der Nordflanke des Gipfelkamms abwärts bis Norte Pequeno.

Restaurant

Amilcar
Fajã do Ouvidor
Tel. 295 417 448
Deftige regionaltypische Küche, direkt am Hafen gelegen, frischer Fisch vom eigenen Boot, einladende Terrasse. Tgl. geöffnet. ●

Flores und Corvo

Nicht verpassen!

- Lauschige Kraterseen erkunden
- Die üppige Flora der »Blumeninsel« bestaunen
- Abenteuerliche Bootsfahrten unternehmen
- Auf Corvo die Gelassenheit der Bewohner bewundern

Zur Orientierung

12 **Flores**, die größere der beiden Inseln am westlichen Rand Europas, ist durch ihr mildes, regenreiches Klima ein Pflanzenparadies. Im Sommer sind überall Hortensienblüten auf der »Blumeninsel« zu sehen, dazwischen gedeihen Strauchrosen und Agapanthus. Flechten, Farne und Moose überziehen das Hochplateau, in das stille Kraterseen eingebettet sind. Im Westen ducken sich unter der schroffen Steilküste Fischerdörfer auf winzigen Küstenebenen.

Ein mehrtägiger Aufenthalt auf Flores empfiehlt sich vor allem für Wanderer, aber auch Bootsausflüge, Tauchen und Fahrten per Seekajak sind mögliche Aktivitäten. Als zentraler Standort ist die Inselhauptstadt **Santa Cruz das Flores** mit ihrer nostalgischen Atmosphäre nicht ohne Reiz. In **Lajes** kommen die Fährschiffe an, am meisten los aber ist im Badeort **Fajã Grande**.

Corvo punktet mit seiner wohl einmaligen Beschaulichkeit und Ruhe. Die meisten Reisenden suchen die mit Abstand kleinste Azoreninsel im Rahmen eines eintägigen Bootsausflugs von Flores aus auf. Wer den zentralen Krater erwandern möchte, sollte allerdings eine Übernachtung in **Vila Nova do Corvo**, dem einzigen Ort auf der Insel, einplanen. Seit 2007 ist Corvo UNESCO-Biosphärenreservat.

Touren in der Region

Die zwei Westinseln intensiv

⑰ Santa Cruz › Lajes das Flores › Costa › Fajã Grande › Caldeiras › Ponta Delgada › Farol do Albarnaz › Corvo › Caldeirão › Vila Nova do Corvo

Länge: 3 Tage; Fahrstrecke: 1. Tag: 55 km; 2. Tag: 36 km; 3. Tag: 12 km
Verkehrsmittel: Leihwagen oder Taxi; am 3. Tag Bootsfahrt nach Corvo, dort Taxi. Die Überfahrt nach Corvo sollten Sie rechtzeitig organisieren (› S. 134).

An der Küste entlang geht es von **Santa Cruz** › S. 135 Richtung Süden; auf der kurvenreichen Strecke folgt ein Aussichtspunkt auf den nächsten. Natursteinhäuser, romantische Mühlen und üppiges Grün säumen die Straße. Nach einem kurzen Besuch in **Lajes das Flores** › S. 137 folgt eine Allee, die das Hochland der Kraterseen **Caldeira Funda** und **Caldeira Rasa** › S. 137 quert. In **Costa** › S. 137 gibt es heiße Quellen zu besichtigen, in **Fajã Grande** › S. 138 drängt sich das Restaurant Balneario am Badeplatz zur Mittagspause geradezu auf.

Auf der Rückfahrt nach Santa Cruz lohnen sich Abstecher zu den fünf ***Caldeiras** (Kraterseen) › S. 138. Der Norden von Flores wird wenig besucht. Umso interessanter ist der Ausflug am zweiten Tag dorthin. Nach einem Spaziergang durch das recht ursprüngliche **Ponta Delgada** › S. 137 packen Sie am windumtosten Leuchtturm **Farol do Albarnaz** dann vielleicht das mitgebrachte Picknick aus, bevor es auf derselben Strecke zurück nach Santa Cruz geht. Der dritte Tag ist *****Corvo** gewidmet. Hier können Sie sich per Jeeptaxi zum **Caldeirão** › S. 139 fahren lassen. **Vila Nova do Corvo** › S. 139 bietet ein interessantes Umwelt- und Kulturzentrum.

Zwei Wanderungen auf der Blumeninsel

⟨18⟩ **Caldeira Rasa** ›
Caldeira Funda › **Fajã Grande** › **Ponta Delgada**

Länge: 2 Tage; Fahrstrecke/ Wanderzeit: 1. Tag: 42 km/ 1,5 Std.; 2. Tag: 41 km/3,5 Std. **Verkehrsmittel:** Taxi.

Die erste Wanderung auf einem alten Verbindungsweg hat es trotz ihrer Kürze in sich. Sie erschließt die beiden mit Seen gefüllten Krater **Caldeira Rasa** und **Caldeira Funda** › S. 137.

Eine längere, mittelschwere Tour führt von **Fajã Grande** › S. 138 entlang der nordwestlichen Steilküste und endet ganz im Norden, in **Ponta Delgada** › S. 137.

Verkehrsmittel

■ **Flughafen:** Auf Flores (FLW) liegt er am Nordrand von Santa Cruz (kein Bus, 10 Min. zu Fuß zum Zentrum, Taxi ca. 3 €). Die SATA fliegt 1–2 mal tgl. nach Horta (Faial) sowie je ca. 2 mal pro Woche nach Corvo, Terceira und Ponta Delgada (São Miguel).

Auf Corvo (CVU) liegt der Flughafen westlich von Vila Nova (Anbindung mit Sammeltaxis). Mit SATA pro Woche ca. 2 mal nach Flores, 3 mal nach Horta (Faial) und 2 mal nach Terceira.

■ **Schiffsverbindungen:** Von Lajes das Flores mit der Autofähre der Atlântico Line Mitte Juni bis Ende Sept. 1 mal pro Woche von/nach Horta (Faial), dort Anschluss auf andere Inseln.

Nach Corvo gibt es keine regelmäßige Fährverbindung. Das Frachtschiff *Neto de José Augusto* (Tel. 292 592 289) nimmt auf Anfrage Passagiere mit. Es verkehrt Juli–Sept. fast täglich ab Santa Cruz das Flores (Porto das Poças), Okt.–Juni nur ca. 2 mal pro Monat (meist ab Lajes). Für Tagesausflüge nach Corvo gibt es in Santa Cruz mehrere Anbieter mit kleineren Booten (Kontakt über Hotels). Von Corvo aus kann man das Bootstaxi von Nauticorvo (Vila Nova, Rua de Matriz, Tel./Fax 292 596 287) nach Flores nehmen (150 €).

■ **Busse:** Auf Flores ab Santa Cruz auf der Nordroute nach Ponta Delgada und auf der Südroute nach Fajã Grande/Lajes Mo, Mi und Fr je 1 mal tgl.

Auf Corvo gibt es keine Linienbusse. Jeeptaxi von Vila Novo zum Caldeirão hin u. zurück 5 €.

Wichtige Adressen

Offizielles Infobüro:
■ **Posto de Turismo,**
9970-331 Santa Cruz das Flores,
Rua Dr. Armas da Silveira,

Tel. 292 592 369,
Fax 292 592 846. Mo–Fr 9–12.30, 14–17.30 Uhr; bei Flugankünften geschl., stattdessen dann Infostelle am Flughafen geöffnet.

Büros der Fluggesellschaft SATA:
■ Flores: **Santa Cruz das Flores,**
Rua Senador André Freitas 5,
Tel. 292 592 284.
■ Corvo:
Flughafen, Tel. 292 596 189.

Unterwegs auf Flores

Santa Cruz das Flores ❶

Die Stadt wartet mit einigen Attraktionen auf: dem Hausberg **Monte das Cruzes,** der **Igreja N. S. da Conceição** (19. Jh.) mit einem bemerkenswerten Schnitzaltar und dem **Museu das Flores.** Letzteres hat seinen Hauptsitz im renovierten ehemaligen Franziskanerkloster São Boaventura. Die volkskundliche Ausstellung zeigt anschaulich den Inselalltag der Ackerbauern und Viehzüchter im 19. Jh. (Largo da Misericórdia, Tel. 292 592 159; Mo–Fr 9–12 und 14–17 Uhr; Eintritt 1 €). Die Eintrittskarte gilt auch für zwei weitere Gebäude: Die schmucke, einstöckige **Casa Pimentel de Mesquita** ist ein originalgetreu mit Mobiliar aus dem 18. bis frühen 20. Jh. eingerichtetes Bürgerhaus (Rua da Conceição). Dem

Walfang wiederum ist die Ausstellung in der **Fábrica da Baleia do Boqueirão** gewidmet, der ehemaligen walverarbeitenden Fabrik im **Porto do Boqueirão.** Für die normalen Fischer war und ist allerdings der stadtnähere **Porto Velho** (alte Hafen) das Ziel; Schiffe nach Corvo starten meist im **Porto das Poças.**

Santa Cruz das Flores: Die Igreja Nossa Senhora da Conceição birgt einen wertvollen Altar

135

Karte
Seite 136

Hotels

■ **Hotel Ocidental**

Avenida dos Baleiros

Tel. 292 590 100

www.hotelocidental.com

Im Reihenhausstil über der Steilküste gelegen, Blick auf Corvo. Zimmer meist mit Balkon oder Terrasse. Eigenes Tauchcenter. ●●

■ **Pensão Residencial Vila Flores**

Travessa de São José 3

Tel. 292 582 190

hipolitoas@hotmail.com

Angenehme Pension im Zentrum. ●

Restaurant

Lita

Travessa da Alfândega 4

Tel. 292 592 245

Reisgerichte mit Fisch, Stockfisch und *cataplanas* (Schmortöpfe); Blick auf den Fischerhafen. Tgl. geöffnet. ●●

Gruta dos Enxaréus

Die 7 km südlich von Santa Cruz an der Felsküste gelegene Höhle, deren Eingang einem riesigen Kirchenportal ähnelt, ist nur von See her zu erreichen.

Mehrere Anbieter fahren nach Vereinbarung mit Schlauch- oder Hartschalenbooten ab Santa Cruz zur Grotte und in diese hinein. Der rund 50 m lange und 25 m breite Hohlraum diente früher Piraten als Unterschlupf. Auch unterwegs gibt es entlang der Küste viel zu sehen: bizarre Felsformationen und zahlreiche kleinere, von der Brandung ausgewaschene Höhlen. Die Gruta dos Enxaréus ist nach der Stachel-

Flores

0   5 km

17 Die zwei Westinseln intensiv **Santa Cruz ›** **Lajes das Flores › Costa ›** **Fajã Grande › Caldeiras ›** **Ponta Delgada › Farol do Albarnaz ›** (Karte S. 139) **Corvo › Caldeirão › Vila Nova do Corvo**

18 Zwei Wanderungen auf der Blumeninsel **Caldeira Rasa › Caldeira Funda › Fajã Grande › Ponta Delgada**

makrele (*enchareu*) benannt, einer bei Anglern beliebten Fischart, die sich häufig am Höhleneingang aufhält.

Der Norden

Auf einem Hügel thront in **Fazenda de Santa Cruz** 2 die Igreja Nossa Senhora de Lourdes. Ein Abstecher nach **Ponta Ruiva** 3 lohnt sich z.B. für ein kleines Picknick. Das Dorf klebt zwischen winzigen Terrassenfeldern an der Steilküste. Kurz vor einer verlassenen französischen Militärstation wird die Fahrt über den Bergkamm Pedra Alta (363 m) abenteuerlich. Zu beiden Seiten erstreckt sich der Atlantik. Unten breitet sich **Ponta Delgada** 4 auf einer Landzunge aus. Eine schmale Straße folgt der Küste weiter nach Westen bis zum Leuchtturm **Farol do Albarnaz**, wo man die ganze Gewalt des Windes und der Wellen zu spüren bekommt.

Lajes das Flores 5

Das zweite Verwaltungszentrum der Insel ist eigentlich nicht viel mehr als ein Dorf, aber ein nettes und inseltypisches. Dank seines großen Hafens ist Lajes für Besucher, der per Fährschiff anreisen, erste Anlaufstation auf Flores.

Hotel

Pousada Lajes das Flores
Av. do Emigrante 16
Tel. 292 593 547

Kleine Pension oberhalb vom Leuchtturm. Freundliche Besitzer, Restaurant, tolle Aussicht. ●

Der Süden

Von Lajes geht es durch Alleen zur Westküste. Nördlich der Straße liegen die Kraterseen **Caldeira Funda** (auch Caldeira Verde) und **Caldeira Rasa**, die auf Spaziergänger warten.

Sie sind aber auch auf einem anspruchsvollen Wanderweg (1,5 Std.) zu erreichen, ab der Kurve an der ER 1-2a, wo links die Straße nach Costa abzweigt. Genau gegenüber beginnt der **Caminho do Bugio,** ein alter wildromantischer Verbindungsweg, der löchrig und im Sommer recht zugewachsen ist. Er mündet am Fuß des **Bugio** (591 m) in einen breiteren Weg, auf dem man bergab zu einer Erdpiste läuft. Auf dieser bietet sich links ein Abstecher zur kleineren Caldeira Rasa an. Zur ER 1-2a hinunter geht es rechts, an der Caldeira Funda vorbei. Mit seinen kleinen Sandstränden und der üppigen Vegetation rundum gilt der See als schönster von Flores.

Nach **Lajedo** locken die heißen Quellen im Ortsteil **Costa.** Zu ihnen führt ein beschilderter Fußweg von den letzten Häusern 30 Min. unterhalb einer Felswand entlang (Trittsicherheit erforderlich).

Nördlich von Lajedo ragen nahe der Hauptstraße die mächtigen, sechseckigen Basaltsäulen der ***Rocha dos Bordões** auf.

Fajã Grande 6

Fast schon quirlig geht es in Fajã Grande zu. Nicht zuletzt gibt es hier einen großartigen Sonnenuntergang zu bestaunen.

Der Ort ist Ausgangspunkt für **Echt gut!** eine **beliebte Wanderung** an der Nordwestküste, die nach 3,5 Std. in Ponta Delgada (❯ S. 137) endet. Man sollte den Weg ausschließlich bei trockenem Wetter begehen, bei Nässe ist er sehr rutschig.

Erster Höhepunkt ist nach 15 Min. der Wasserfall am **Poço do Bacalhau.** Eine schmale Straße, die man zwischenzeitlich auf einem alten Weg umgehen kann, endet nach 45 Min. im fast verlassenen Weiler **Ponta da Fajã.**

Es folgt ein Anstieg von über 400 Höhenmetern durch die Felsküste bis zu deren oberer Kante, auf der es gemütlicher weitergeht, wobei allerdings eine Reihe von Bachbetten gequert werden. Unterwegs ergeben sich lohnende Ausblicke auf die vorgelagerte

Die Küste von Flores bietet eine wildromantische Szenerie der Grotten, Wasserfälle und Klippen

Felsinsel **Ilhéu de Maria Vaz.** Nach 3 Std. kommt man an die schmale Straße, die den Farol do Albernaz ❯ S. 137 mit dem Morro Alto verbindet (auf Straßenkarten oft noch nicht eingezeichnet). Auf dieser läuft man weiter bis Ponta Delgada.

Hotel

Residencial Argonauta
Rua Senador André de Freitas
Tel. 292 552 219
www.argonauta-flores.com
Zwei individuell gestaltete Zimmer und drei Suiten stellt der Italiener Pierluigi Bragaglia von April bis Okt. bereit. Er bekocht seine Gäste, bietet geführte Touren per Pedes, Jeep oder Kajak an und hat zudem über Flores zwei **Wanderführer** verfasst, die auch ins Deutsche übersetzt sind. ●●

Restaurant

Balneario
am Hafen und Badeplatz
Tel. 292 552 170
Einheimische lieben den Tintenfisch aus dem Ofen und den gemischten Fisch- und Meeresfrüchtespieß. ●●

Ausflug zu den *Caldeiras

Fast schnurgerade verläuft die ER 2-2a über das Plateau im Inselinneren. Rechts und links der Straße liegen die fünf Caldeiras. Besonders schön ist die Caldeira Funda (das Lajes), die »tiefe«, nicht zu verwechseln mit ihrer größeren Namensschwester (❯ S. 137).

Unterwegs auf ***Corvo

Vila Nova

Seit 1832 darf sich Vila Nova do Corvo trotz seiner geringen Göße (400 Einw.) Stadt nennen. Die meist einstöckigen Häuser haben dunkle Natursteinmauern. Wie eh und je trifft man sich vor der **Igreja Nossa Senhora dos Milagres** (1795), in den wenigen Cafés oder auf dem Largo do Outeiro. In der Canada da Graciosa wurde 2007 in zwei historischen Häusern das moderne Informationszentrum **Centro de Interpretação Ambiental e Cultural** mit Mediathek und Museumsshop eröffnet, das über die sehr spezielle Natur und Kultur der Insel informiert.

Der Caldeirão

Zu Fuß dauert der Weg zum Kraterrand zwei Stunden, per Jeeptaxi (hin und zurück 5 €) geht es schneller, vorbei an ummauerten Feldern und Weiden. Am Rand des bereits vor über 1 Mio. Jahren erloschenen Vulkans überwältigt der fantastische Blick. 300 m tiefer liegen zwei Seen. Von den winzigen grünen Inseln in diesen Lagoas sagen die Azorianer, sie seien ein Abbild ihres Archipels.

—17—
Die zwei Westinseln intensiv
(Karte S. 136) **Santa Cruz › Lajes das Flores › Costa › Fajã Grande › Caldeiras › Ponta Delgada › Farol do Albarnaz ›** (Karte nebenstehend) **Corvo › Caldeirão › Vila Nova do Corvo**

Infos von A bis Z

Ärztliche Versorgung – Apotheken

Jeder Gemeindehauptort hat ein Krankenhaus *(hospital)* mit Notfallaufnahme *(urgência)* oder ein Gesundheitszentrum *(Centro de Saúde)*. Nicht immer wird die Europäische Krankenversicherungskarte (EHIC) akzeptiert. Daher empfiehlt sich eine private Reisekrankenversicherung. Apotheken *(farmácias;* grünes Kreuz) öffnen meist Mo–Sa 9–13, 15–19, teils auch So 9–13 Uhr.

Banken – Geld

Die Azoren gehören zur Euro-Zone. Mit Maestro- bzw. Kreditkarte und PIN kann an Geldautomaten *(Multibanco)* Bargeld abgehoben werden. Kreditkarten (v.a. Visa, Mastercard) und Maestro-Karten werden in vielen Hotels, Restaurants usw. akzeptiert.

Einreise

Für EU-Bürger und Schweizer keine Einreisekontrollen; Ausweispapiere müssen aber bei Fluggesellschaften, Hotels usw. vorgelegt werden.

Elektrizität

220 Volt/ 50 Hertz Wechselstrom.

Feiertage

1. Jan., Karfreitag, 25. April, 1. Mai, Fronleichnam, 10. Juni, 15. Aug., 5. Okt., 1. Nov., 1., 8. und 25. Dez.

Informationen

- **AICEP Portugal:**
  www.visitportugal.com,
  info@visitportugal.com,
  Info-Hotline zum Ortstarif:
- **Deutschland:** Tel. 01 80/5 00 49 30
- **Österreich:** Tel. 08 10/90 06 50
- **Schweiz:** Tel. 08 00/10 12 12

Notruf

Tel. 112.

Öffnungszeiten

- **Geschäfte:** Mo–Fr 9–13, 15–18 Uhr, Sa 9–13 Uhr; Einkaufszentren auch länger.
- **Banken:** Mo–Fr 8.30–15 Uhr.
- **Postämter:** meist Mo–Fr 9–13, 15–18 Uhr.

Shopping

Ein wirkliches Einkaufsparadies sind die Azoren nicht. Als Mitbringsel interessant sind Kunsthandwerk (> S. 41), Käse und andere kulinarische Spezialitäten (> S. 46).

Telefon

Telefonkarten *(telecard)* für Telefonzellen gibt es in Postfilialen und Kiosken. GSM-Handys funktionieren überall.

Vorwahl: Deutschland 00 49, Österreich 00 43, Schweiz 00 41. Portugal (Azoren) 00 351, keine Ortsvorwahlen.

Zoll

In EU-Länder keine Beschränkungen.

In die Schweiz dürfen eingeführt werden: 1 l Spirituosen über 22 Vol.-%, 2 l Wein, 200 Zigaretten oder 50 Zigarren, Souvenirs im Wert von 300 CHF.

Urlaubskasse	
Tasse Kaffee	1,70–2,00 €
Softdrink	1,20–1,50 €
Glas Bier	1,50–2,00 €
Sandes (Sandwich)	2,00–4,00 €
Eis (Cornetto)	1,30 €
Taxifahrt (pro Km)	ca. 0,50 €
Mietwagen/Tag	40–50 €

Register

Água Retorta 68
Algar do Carvão 86
Algarvia 69
Altares 90
Angra do Heroísmo 39, **81**
Anjos 74
Architektur 38
Arcos 116
Arieiro 109
Azevedo, José (»Peter«) 99
Azorenbarock 39
Azulejos 39, 63, 70, 74, 83, 129

Baden 20, 24
Baía da Salga 86
Beira **127**
Bildende Kunst 39
Biscoitos 25, **88**
Boca da Ribeira 69
Brum, António do Canto 60

Cabeço da Fonte 107
Cabeço Gordo 105
Cabral, Gonçalo Velho 32, 56
Cabrito 116
Cais do Pico 122
Cais do Topo 130
Caldeira (Faial) 105
Caldeira (Graciosa) **93**
Caldeira de Guilherme Moniz 86
Caldeira de Pero Botelho 66
Caldeira Funda 137
Caldeirão (Corvo) **139**
Caldeira Rasa 137
Caldeiras (Flores) **138**
Caldeiras (São Miguel) 25, 71
Caldeira Velha 25, 71
Caldeirinha (Graciosa) 93
Calhau 115, 116
Calheta **129**
Caloura **63**
Capelas **62**
Capelo **107**

Carapacho 25, **94**
Carlos I. 83
Castelo Branco **109**
Cedros **106**
Clarke, Malcolm **119**
Costa 137
Criação Velha 116
Cruzal 130

Dabney, John 100
Decima Ilha **68**

Emanuelstil 38, 72

Fajã (Faial) 107
Fajã da Caldeira do Santo Cristo 131
Fajã das Almas 128
Fajã de São João 130
Fajã do João Dias 130
Fajã do Ouvidor 131
Fajã Grande **138**
Fajãs (São Jorge) 129
Faria e Maia, Duarte Machado 40
Fazenda de Santa Cruz 137
Feteira 104
Figueiredo, Cristóvão de 40
Flora 36
Furna de Santo António 115
Furna do Enxofre (Graciosa) 94
Furnas 25, **65**
Furnas do Enxofre (Terceira) 86

Gigante, Frei Pedro 117
Golf 22, 72
Gorreana **69**
Gruta das Torres 114
Gruta do Natal 90
Gruta dos Enxaréus 136

Hagen, Wilhem van der 130
Heinrich der Seefahrer 32, 99, 126

Horta **99**
Hurtere, Josse van 100

Ilhéu da Praia 93
Ilhéu de Vila Franca 65
Ilhéu do Topo 130
Ilhéus das Cabras 86
Isabel (portugiesische Königin) 87

Jardim Botânico da Ribeira do Guilherme 69
Jardim Botânico (Faial) 105
João III. 56

Kolumbus, Christoph 32, 74
Kunsthandwerk 41

Lagoa **63**
Lagoa da Falca 90
Lagoa das Furnas 66
Lagoa de Santiago 61
Lagoa do Caiado 122
Lagoa do Canário 61
Lagoa do Capitão 122
Lagoa do Fogo 64, 72
Lagoa do Negro 89
Lagoa do Peixinho 122
Lajedo 137
Lajes das Flores **137**
Lajes do Pico **119**
Lindbergh, Charles 102
Lomba da Maia 70
Lourais 130

Macedo, Brites de 100
Madalena 25, **114**
Maia (Santa Maria) 75
Maia (São Miguel) 70
Manadas **128**
Manuel I. 32, 38, 40
Maria II. 32, 81
Mata de Serreta 90
Matias Simão 90
Melo, Manuel João 63
Miguel I. 32, 81, 88
Miradouro da Macela 74

Miradouro da Ponta do Sossego 68
Miradouro das Cabras 107
Miradouro da Vista do Rei 61
Miradouro da Vista dos Barcos 69
Miradouro do Cerado das Freiras 61
Miradouro do Espigão 75
Miradouro do Pisão 63
Miradouro do Santo António 62
Miradouro Ponta da Madrugada 68
Miradouro Terra Alta 120
Monte Brasil 85
Monte Carneiro 105
Monte da Ajuda 92
Monte da Espalamaca 105
Monte da Guia 104
Morro Senhora da Saúde 93
Mosteiros **62**
Mountainbiking 22
Museu do Vinho 114
Musik 40

Nordeste **68**
Noronha, António de 82
Norte Pequeno 131
Nossa Senhora de Fátima 74

Orangen-Architektur 39
Os Salgueiros 87

Parque das Sete Fontes 127
pastel (Färberwaid) 64, 100
Pedreira 69
Pedro IV. 32, 81, 83, 88
Peter Café Sport 99
Pico (Berg) 118
Pico Alto 74
Pico Barrosa 71
Pico Bartolomeu 69
Pico da Esperança 131
Pico da Pedra 72
Pico das Caldeirinhas 130
Pico da Vara 69
Pico da Velha 127

Pico do Ferro 67
Piedade **120**
Pinhal da Paz 60
Plantação de Ananases »A. Aruda« 60
Pocinho 115
Pombal, Marquês de 32
Ponta da Furna 89
Ponta da Ilha **121**
Ponta da Queimada 119
Ponta Delgada (São Miguel) 38, **56**
Ponta Delgada (Flores) 137
Ponta do Queimado 90
Ponta do Raminho 90
Ponta dos Rosais 127
Ponta Ruiva 137
Porto Afonso 93
Porto Cachorro 116
Porto da Boca da Ribeira 106
Porto Judeu 86
Porto Martins 87
Porto Negrito 90
Praia (São Miguel) **64**
Praia da Vitória 24, 38, **88**
Praia do Almoxarife **105**
Praia do Norte 107
Praia dos Mosteiros 24
Prainha **121**

Quatro Ribeiras **89**
Quinta das Rosas 114, 118
Quinta do Martelo 85

Rabo de Peixe **72**
Read, Albert 102
Rebelo, Domingos Maria Xavier 40, 127
Reiten 21
Ribeira Chã 64
Ribeira Funda 107
Ribeira Grande **70**
Ribeira Quente 24, 67
Ribeira Seca 71, 129
Ribeirinha 71, 92, **106**
Rocha dos Bordões 137
Rosais **127**

Salazar, António de Oliveira 32

Santa Bárbara 74, 90
Santa Cruz da Graciosa **92**
Santa Cruz das Flores **135**
Santo Amaro **121**
Santo António 25, **62**
Santo Espírito 75
São Bartolomeu 91
São Francisco das Almas 85
São João **118**
São Lourenço 75
São Mateus (Pico) **118**
São Mateus (Vila da Praia) **93**
São Mateus da Calheta **90**
São Pedro 74
São Roque do Pico 115, **122**
São Sebastião 86
Scrimshaws 41, 100, 119
Segeln 23
Serra do Cume **88**
Serreta 90
Sete Cidades **61**
Silves, Diogo de 32
Strände 24

Tauchen 23
Terra Chã 68
Tiere 37
Topo 130

Urzelina **128**

Varadouro 25, **109**
Vasco da Gama 81
Velas **126**
Vila da Praia (São Mateus) **93**
Vila do Porto **72**
Vila Franca do Campo 20, **65**
Vila Nova do Corvo **139**
Vulcão dos Capelinhos **108**

Wale 34
Wandern 21
Weinbau 88, 117

Zeppelin, Ferdinand Graf von 102
Zona de Adegas 116

Bildnachweis

Alamy/Jon Arnold Images: 114; Alamy/G. Avila: 39; Alamy/fan travelstock: 105; Alamy/TNT Magazine: U2-Top12-7; Alamy/Westend61/Scholpp: U2-Top12-3, 70; Bildagentur Huber/ Gräfenhein: U2-Top12-1, U2-Top12-2, U2-Top12-4, U2-Top12-12, 1, 6, 20, 26, 48, 50; Foto Bergsteiger: 56, 57; Fotodesign Stadler: 18, 67, 96, 103; Volkmar Janicke: U2-Top12-10, 64, 91, 117; laif/Rolf Osang: 2-1, 2-2, 11, 22, 24, 34, 46, 68; laif/Karl Heinz Raach: 87, 132; laif/4SEE/Pedro Guimaraes: 107; Susanne Lipps: 9, 21, 33, 89; Stefan U. Mühleisen: U2-Top12-9, 43, 75, 109, 110, 120, 131, 135, 138; Thomas Stankiewicz: U2-Top12-5, U2-Top12-8, U2-Top12-11, 12, 13, 15, 28, 40, 76, 82, 84, 95, 96, 118, 123; Andreas Stieglitz: 2-3, 38, 93, 129.

Polyglott im Internet: www.polyglott.de

Impressum

Wir freuen uns, dass Sie sich für einen Reiseführer aus dem Polyglott-Programm entschieden haben. Auch wenn alle Informationen aus zuverlässigen Quellen stammen und sorgfältig geprüft sind, lassen sich Fehler nie ganz ausschließen. Wir bitten um Verständnis, dass der Verlag dafür keine Haftung übernehmen kann. Ihre Hinweise und Anregungen sind uns wichtig und helfen uns, die Reiseführer ständig weiter zu verbessern. Bitte schreiben Sie uns:

Polyglott Verlag, Redaktion, Postfach 40 11 20, 80711 München, redaktion@polyglott.de

Wir wünschen Ihnen eine gelungene Reise!

Bei Interesse an Anzeigenschaltung wenden Sie sich bitte an:
Langenscheidt KG, Herrn Lachmann
Tel.: 089/3 60 96-438, E-Mail: m.lachmann@langenscheidt.de

Herausgeber: Polyglott-Redaktion
Autoren: Stefan U. Mühleisen, Manfred Meding und Susanne Lipps
Redaktion: Werkstatt München • Buchproduktion
Lektorat: Martin Waller
Bildredaktion: Ulrich Reißer
Layout: Ute Weber, Geretsried
Titeldesign-Konzept: Studio Schübel Werbeagentur GmbH, München
Karten und Pläne: Polyglott-Kartografie
Satz: Tim Schulz
Druck: Himmer AG, Augsburg
Bindung: »Butterfly«-Bindeverfahren durch Kolibri Industrielle Buchbinderei
geschützt durch Gebrauchsmusteranmeldung Nr. 20 2008 013 299.1

© 2009 by Polyglott Verlag GmbH, München
Printed in Germany
Dieses Buch wurde auf chlorfrei gebleichtem Papier gedruckt.
ISBN 978-3-493-55942-2

Langenscheidt Mini-Dolmetscher Portugiesisch

Allgemeines

Guten Tag.	Bom dia. [bõ **dia**]
Hallo!	Olá! [o**la**]
Wie geht's?	Como está? [komu‿**ischta**]
Danke, gut.	Tudo bem, obrigado (m.) / obrigada (w.). [**tu**du bẽj ubri**ga**du / ubri**ga**da]
Ich heiße ...	Chamo-me ... [**scha**mu‿me]
Auf Wiedersehen.	Até logo / Adeus. [a**te lo**gu / a**de**‿usch]
Morgen	manhã [ma**njã**]
Nachmittag / Abend	tarde [**tard**ə]
Nacht	noite [**noj**tə]
morgen	amanhã [ama**njã**]
heute	hoje [**osch**ə]
gestern	ontem [**õn**tẽj]
Sprechen Sie Deutsch / Englisch?	Fala alemão / inglês? [**fa**la‿alə**mãu** / in**glesch**]
Wie bitte?	Como, desculpe? [**ko**mu dis**eh**‿**kul**pə]
Ich verstehe nicht.	Não entendo. [nãu ĩn**tẽn**du]
Sagen Sie es bitte nochmals.	Se faz favor, repita. [sə **fasch** fa**wor** re**pi**ta]
Bitte, ...	Se faz favor, ... [sə **fasch** fa**wor**]
danke	obrigado (m.) / obrigada (w.) [ubri**ga**du / ubri**ga**da]
Keine Ursache.	De nada. [də **na**da]
was / wer / welcher	o que / quem / qual [u ke / kẽj / kwal]
wo / wohin	onde / para onde [**õnd**ə / **pa**ra **õnd**ə]
wie / wie viel	como / quanto [**ko**mu / **kwãn**tu]
wann / wie lange	quando / quanto tempo [**kwãn**du / **kwãn**tu **tẽm**pu]
warum	porquê [pur**ke**]
Wie heißt das?	Como se diz? [**ko**mu sə **diseh**]
Wo ist ...?	Onde está ...? Onde fica ...? [**õnd**ə‿**isch**ta / **õnd**ə‿**fi**ka]
Können Sie mir helfen?	Podia-me ajudar? [pu**dia**‿mə a**sehu**dar]
ja	sim [sĩ]
nein	não [nãu]
Entschuldigen Sie.	Desculpe. [dis**eh**‿**kul**pə]
Das macht nichts.	Não faz nada. [nãu **fasch na**da]

Sightseeing

Gibt es hier eine Touristeninformation?	Há por aqui uma informação turística? [a pur‿a**ki u**ma ĩnfurma**sãu** tu**risch**tika]
Haben Sie einen Stadtplan / ein Hotelverzeichnis?	Tem um mapa da cidade / uma lista dos hotéis? [tẽj ũ‿**ma**pa da sidad**ə** / **u**ma **lisch**ta dus‿o**teisch**]
Wann ist das Museum geöffnet / geschlossen?	A que horas o museu está aberto / fechado? [a ki‿**o**rasch u mu**seu isch**ta‿a**ber**tu / **fesch**adu]
Wann ist die Kirche / die Ausstellung geöffnet / geschlossen?	A que horas a igreja / a exposição está aberta / fechada? [a ki‿**o**rasch a i**gresehh**a / a ischpusi**sãu isch**ta a**ber**ta / **fesch**ada]

Shopping

Wo gibt es ...?	Onde há ...? [**õnd**ə **a**]
Wie viel kostet das?	Quanto custa isto? [**kwãn**tu **kusch**ta **isch**tu]
Das ist zu teuer.	É caro demais. [e **ka**ru də**maisch**]
Das gefällt mir (nicht).	Eu (não) gosto disso. [eu (nãu) **gosch**tu **di**ssu]
Gibt es das in einer anderen Farbe / Größe?	Existe esse modelo noutra cor / noutro tamanho? [e**sischt**ə **ess**ə mo**de**lu **no**tra kor / **no**tru ta**ma**nju]
Ich nehme es.	Levo isto. [**le**wu **isch**tu]
Wo ist hier eine Bank?	Onde há um banco? [**õnd**ə a ũ‿**bãn**ku]
Ich suche einen Geldautomaten.	Onde posso encontrar uma caixa automática? [**õnd**ə **po**ssu inkõn**trar** uma **kaisch**a‿auto**ma**tika]
Ich möchte 100 g Käse / zwei Kilo Orangen.	Queria cem gramas de queijo / dois kilos de laranjas. [ke**ria** sẽj **gra**masch də **kej**sehu / dojsch **ki**lusch də la**rãnseh**ash]
Haben Sie deutsche Zeitungen?	Tem jornais alemães? [tẽj sehur**najsch** alə**mãjsch**]
Wo kann ich telefonieren / eine Telefonkarte kaufen?	Onde posso telefonar / comprar um cartão de telefone? [**õnd**ə **po**ssu telefu**nar** / kõm**prar**‿ũ kar**tãu** də telefo**n**ə]